Penas Sagradas
O poder mágico de uma pena pode
alterar sua visão do mundo

CB059123

Maril Crabtree

Penas Sagradas
O poder mágico de uma pena pode alterar sua visão do mundo

TRADUÇÃO
Paula Andrade

2003
EDITORA BEST SELLER

Título original: *Sacred Feathers*
Copyright © 2002 by Maril Crabtree
Licença editorial para a Editora Nova Cultural Ltda.
Todos os direitos reservados.

Coordenação editorial
Janice Flórido

Editores
Eliel S. Cunha
Fernanda Cardoso

Editoras de arte
Ana Suely S. Dobón
Mônica Maldonado

Arte da capa
Fernanda do Val

Revisão
Levon Yacubian

Editoração eletrônica
Dany Editora Ltda.

EDITORA NOVA CULTURAL LTDA.
Direitos exclusivos da edição em língua portuguesa no Brasil
adquiridos por Editora Nova Cultural Ltda.,
que se reserva a propriedade desta tradução.

EDITORA BEST SELLER
uma divisão da Editora Nova Cultural Ltda.
Rua Paes Leme, 524 – 10º andar
CEP 05424-010 – São Paulo – SP
www.editorabestseller.com.br

2003

Impressão e acabamento:
RR Donnelley América Latina
Fone: (55 11) 4166-3500

Este livro é dedicado a:

Virginia Lenore Briand Crabtree, minha sogra, cuja vida me inspira e apóia tanto quanto meus amados pais o fazem.

Índice

Agradecimentos 11
Prólogo 13
Introdução 15

PARTE UM
O Mistério das Penas: Mensagens Místicas do Espírito

Você Pode Fazer Isso! — Maril Crabtree 21
As Penas — Linda Hogan 23
Uma Questão de Estilo — Dra. Rachel Naomi Remen 28
Ser uma Pena — Mark Nepo 32
A Pena como "Alimento" para o Pensamento —
  Carole Louie 33
Meditação — Locais onde Encontrar Penas 35
Dançaremos Novamente — Janet Cunningham 36
Canção Indígena Americana — Autor desconhecido 38
O Presente da Águia — Josie Asa de Corvo 39
Uma Pena com um Coração — Reverendo Fern Moreland ... 43
Peça e lhe Será Dado — Victoria Rose Impallomeni 46
Ritual — Manifestação das Penas 49
Um Presente Especial — Penny Wigglesworth 50
Siga as Penas — Carolyn Elizabeth 53
Meu Nome Era Falcão Asa Dourada — Orazio J. Salati 56
Alma de Pena — Jeanne Scoville 58

Galgando as Penas — Maril Crabtree 60
Uma Mensagem do Pena Branca — Debra Hooper 61
Meditação — Atraindo a Energia da Pena 63
Canção da Pena — Kenneth Ray Stubbs 65
Aprendendo com os Corvos — Greg Eric "Saltador"
Hultman 67
Você Já Está no Caminho — Kellie Jo Dunlap 74
Asas em Meus Pés — Pena Estelar 77
Meditação — Visão da Vida 80

PARTE DOIS
O Poder das Penas: Mensagens de Cura e Transformação

Penas e Sonhos: Uma Entrevista com uma Analista
Junguiana — Maril Crabtree 85
Espírito da Pena — Denise Linn 89
Professoras em Sonhos — Gina Ogden 92
Do Coração da Águia — Maril Crabtree 94
Ritual — Curando com Penas — Don Alberto Taxo 97
O Poder da Águia — Bobby Rae Sullivan 98
Faróis da Noite — Eleanor K. Sommer 101
Um Espírito, uma Pena — Hazel Achor 105
Jornada da Pena — Anna Belle Fore 107
Uma Pena para Norma — Vickie Thompson 109
Ritual — Uma Bênção Residencial com Penas 114
União de Energia — Toby Evans 115
Espírito Mensageiro — Will Davis 122
Apoderando-me de Meu Poder — Carol Rydell 124
Uma Pequena Pena Branca — Cate M. Cummings 130
Meditação — As Cores das Penas e o que Elas Significam ... 132
Espírito da Coruja — Raven Lamoreux-Dodd 133
Penas e Bonecas — Vicki Wagoner 137
Penas Dançarinas — Cervo Hesitante 139

A Terra É uma Mãe Perfeita — Rod Skenandore,
  "Chefe Alce" 142
Música do Falcão — Maril Crabtree 146
Falcão Guardião — Amy Belanger 147
Meditação — Um Passeio na Floresta 149

PARTE TRÊS
Luz por Meio da Pena: Mensagens de Liberdade, Entrega e Desprendimento

Penas e Graça — Maril Crabtree 153
Doar — Terrill Petri 156
Anjos a Meus Pés — Vicki Wagoner 158
Um Fardo Tão Leve Quanto uma Pena — Robert Gass 160
Pena de Pica-Pau — Paul W. Anderson 163
Meditação — Presentes e Sinais das Penas 168
Pássaro Preto, Pássaro Branco — Laura Giess 170
Caçador de Penas — Mark E. Tannenbaum 172
Um Espírito de Liberdade — Terry Podgornik 175
Um Coração — Li-Young Lee 177
Você Não Precisa Lutar — Lee Lessard-Tapager 178
Ritual — Abundância de Pena, Abundância de Vida 180
Cinqüenta Coisas para Fazer com as Penas — Mary-Lane
  Kamberg 182
Qual É o Seu Fator Pena? — Virginia Lore 185
Sonhos de Falcão — Judith Christy 189
Meu Leque da Liberdade — Elissa Al-Chokhachy 190
A Insustentável Leveza das Penas — Deborah Shouse 193
Meditação — Fantasias de Penas 195
Convite — Kenneth Ray Stubbs 196
Asas da Liberdade — Nancy Gifford ("Mumtaz") 197
Ninho de Penas — Pam Owens 199
A Pena Mágica de Lynda — Nancy Sena 200
Desprenda-se, Voe Livremente — Ron Yeomans 201
Meditação — Um Punhado de Penas 203

PARTE QUATRO
Onde Há uma Pena, Há um Caminho!
Mensagens de Amor, Força e Coragem

Lembre-se de Quem Você É — Maril Crabtree 207
Penas Bíblicas 209
Pena Herdada — Carolyn Lewis King 212
Pena Mágica — Robert M. "Bob" Anderson 215
Ritual — Respire com a Pena 218
Uma Dádiva de Amor — Aweisle Epstein 219
Penas e Pedras — Maril Crabtree 221
Corvo Curador — Gaylen Ariel 222
A História do Cisne — Antoinette Botsford 224
Anjo da Estrada — Kara Ciel Black 226
Espaço Interior — Mary-Lane Kamberg 229
Uma Pena de Cada Vez — Kimball C. Brooks 230
Meditação — Um Presente Inesperado 232
A Cura da Águia — Maya Trace Borhani 234
Se os Pássaros Podem Voar... — Marty Peach 237
Chefe Minipena — Phillip G. Crabtree 239
O que Me Prende à Terra Está Oculto — Mark Nepo 242
A Coragem da Águia — Gerald Wagner 243
In Memoriam — K. M. Jordan 245
O Presente de Sofia — Sheelagh G. Manheim 248
Meditação — Cuidando das Penas — Olhos de Pássaro 250
Nas Asas da Compaixão — Maril Crabtree 252

•

Agradecimentos

Eu gostaria de agradecer a meu marido, Jim, cujo apoio tem sido uma presença curativa e constante; a minha filha Virginia, minha nora Tiffany, meu filho Jim, minha irmã Sandy, e Gloria, que foi uma fonte de apoio e encorajamento; a meus sócios em vida, Bill Grover, Judith Cristy e Bob Mann, que me acompanharam em todos os estágios e fases desse empreendimento; a minha querida amiga Deborah Shouse, que me proporcionou apoio, conselhos e sabedoria; para completar os nomes citados acima, a meus sócios espirituais, Ron Zoglin, Robert Brumet, Stan Leutung, Roberta Vogel, Helen e Ron Yeomans, Patti Cawthon, Warren e Cheryl Varney, Sharil Baxter e Paulla Levitch; a minha editora, Claire Gerus, que foi uma guia durante todo o processo de produção deste livro; a meus parceiros napolitanos Liz, Sissel, Pauline, Nancy, Barbara e Peggy, e todos os membros do Grupo de Escritores de Kansas City, que me incentivaram durante as turbulências deste trabalho; a Mark Carr, Cate Cummings, Denise Linn, Victoria Moran e Saphira, a quem devo o reconhecimento pelo estímulo e apoio manifestados desde o primeiro momento; e a todos aqueles que contribuíram com suas histórias sagradas para este livro, muitos dos quais agora são queridos amigos devido ao que partilharam.

Prólogo

Alguns anos atrás, eu caminhava pelas ruas de Aspen, Colorado, sentindo-me deprimida apesar do sol radiante. Havia acabado de encerrar três anos de atividade como diretora de uma organização sem fins lucrativos, trabalhando catorze horas por dia a fim de ajudar pessoas necessitadas. Tomada pelo estresse e por todas as emoções negativas que você possa imaginar, eu me sentia um trapo. O futuro parecia uma enorme muralha, tão intransponível quanto as montanhas que me rodeavam. Eu entrava em pânico cada vez que pensava em que iria fazer.

Por mais de quatro décadas, obtive "sucesso" em empreendimento após empreendimento. Devido à necessidade de ser reconhecida, eu me esmerava em tudo. Especializei-me em carreiras e segui em frente: primeiro, como professora; depois, tive filhos; em seguida, formei-me em Direito; trabalhei numa firma de advocacia; montei meu escritório próprio; trabalhei com os pobres. Nada satisfazia minha inquietação interna. Nada me oferecia "provas" suficientes de que eu era um ser humano de valor. O que restava?

Quando parei a fim de tomar fôlego, após ter subido uma colina, algo desviou minha atenção para meus pés. Logo a minha frente jazia uma pena imensa e brilhante. Não havia pássaros ao redor. Somente a pena e eu. Ouvi uma voz interior dizendo: "Pegue-a. É para você. Você não está sozinha".

A pena era macia, sedosa e preta. Seria minha imaginação que a fazia cintilar internamente? Eu a peguei e a segurei com as duas mãos. Em algum lugar dentro de mim, a voz soou ainda mais clara: "Você é amada. É uma parte integral desta vasta cadeia de interconexões. Não está sozinha".

Continuei a segurar a pena com reverência. Um misto de gratidão e alegria me invadiu. Aquele lindo mensageiro negro do céu me dizia que eu não estava num universo vazio. Mais tarde, aprendi que em muitas tradições antigas a pena preta é um sinal de sabedoria mística, recebido numa iniciação espiritual. Tais penas (de corvos, por exemplo) são freqüentemente utilizadas por figuras xamânicas. A enorme pena preta que me esperava em Aspen proveu minha iniciação à sabedoria do universo.

Guardei aquela pena preta. Cada vez que a pego, sua poderosa mensagem me toca: *Você não está sozinha. Estamos com você; tudo na vida faz parte de você. Voe com o vento!*

Introdução

Sou uma pena no céu cintilante
Sou o cavalo azul que corre pela planície
Sou o peixe que nada, brilhante, na água...
Como vê, estou vivo, estou vivo.

— N. Scott Momaday,
A Deliciosa Canção de Tsoai-Talee

Penas! Penas mágicas, místicas e incríveis! Penas de todos os formatos, tamanhos, variedades e cores. Ao longo da história, as penas têm se apresentado como símbolos para xamãs e padres, como símbolos de realeza para reis e chefes, como símbolos de cura ou como símbolos sagrados em culturas tão antigas quanto as eras egípcia, asiática e céltica. Essas culturas possuíam habilidades para se comunicar com a natureza por meio de caminhos que foram ignorados ou esquecidos em nossa época atual.

Porém, as penas são mais que históricas. Para muitos, elas representam sinais místicos, mensagens ou oportunidades. São fragmentos de sincronicidade na fluida miscelânea dos significados universais. As penas surgem em lugares inesperados como uma garantia do bem-estar, como um sinal reconfortante da abundância no universo e como mensageiros inconfundíveis de esperança e encorajamento. Sua graça efêmera as torna perfeitos emissários da liberdade espiritual e emocional.

Nos últimos três anos, tenho coletado histórias verídicas de pessoas cujas vidas se transformaram por causa das penas: penas como mensageiros sagrados, como condutores para o esclarecimento, como precursores da verdade interior ou como gentis lembranças do sincronismo e da abundância do universo. Essas histórias são relatos poderosos de como as penas ensinam, guiam e inspiram a todos nós. Elas oferecem exemplos reais de como o universo fala para nós por meio de um objeto "comum" mas místico — uma pena.

De que maneira uma pena — um objeto inanimado — fala a nós? Como podemos receber mensagens de uma parte da asa de um pássaro? O que há nas penas — opostas à borra de café ou às flores silvestres — que as qualifica como precursores da verdade universal?

Vivemos num cosmos holográfico, onde uma parte do todo reflete esse todo. Quando uma pena abandona um pássaro e cai na terra, ela traz consigo toda a energia que a vinculava ao ser vivo. De uma perspectiva cósmica, a pena também carrega, tal qual trazemos conosco, a energia universal que nomeamos de várias formas: "Deus", ao "Espírito", "força de vida divina". Por que, então, não aceitar que a pena cai em nossas vidas para nos trazer, diretamente, uma mensagem dessa força de vida?

Quando, entre centenas de pessoas, vejo uma pena num lugar inesperado, sei que ela foi endereçada a mim. Nem todas as penas são "especiais", tampouco o são todas as pedras ou todos os cristais. Mas o potencial para a conexão está lá. Preciso apenas escutar a partir daquele espaço aberto dentro de mim, o qual anseia por voar cada vez mais alto. Só tenho de aceitar que, como disse um contador de histórias, "há poderes simples, estranhos e reais" que me afetam.

As penas também são significados simbólicos universais, reconhecidas por tribos e tradições do mundo. Elas nos falam de vôo, de liberdade, de ultrapassar limites, de colocar-se "acima de tudo", da necessidade de se soltar e relaxar. Em muitas culturas, as penas carregam orações aos deuses e conferem poderes extraordinários em batalhas.

Mais que tudo, as penas nos chegam como dádivas. Elas vêm do céu, do mar, das árvores, da relva, e até mesmo — como ilustram essas histórias — de lugares nunca habitados por aves. Elas nos chegam inesperadamente, mas com um propósito. Suas mensagens podem ser espantosas, reconfortantes ou repentinas, mas são sempre uma oportunidade para ver — para encontrar respostas a questões que nem sequer sabíamos que perguntávamos.

O que é, então, uma pena? É uma parte do corpo de um pássaro e é uma parte de nós. Ela existe em si mesma para servir seu objetivo primário no cosmos, e existe em aliança com cada um dos aspectos do cosmos. Tal qual quando levamos mensagens inspiradoras aos outros, enquanto simplesmente preenchemos nossas vidas, as penas trazem essas mensagens a nós. Elas nos lembram de que caminhamos num mundo transbordante de significados.

Este livro contém minhas histórias a respeito das penas e das experiências de outros. Em cada uma, há um broto de sabedoria ou verdade, obtido por meio do encontro com uma pena. Essas histórias são ofertadas como presentes para sua própria jornada e como evidência de que o universo fala conosco de várias maneiras.

Você também encontrará sugestões de como explorar as conexões em *sua* vida por meio das atraentes penas, que podem ser usadas numa variedade de cerimônias, meditações e rituais.

As penas nos ensinarão muitas coisas, se estivermos prontos para aprender. Linda Hogan, cuja miraculosa história está incluída neste livro, lembra-nos de que há "algo vivo numa pena. Ela conhece o interior das nuvens. Carrega nossas necessidades, nossos desejos e as histórias de nosso sofrimento".

As histórias das penas que você ler aqui confirmarão que elas curam nossas feridas, levam-nos a uma nova liberdade, ajudam-nos a nos entregar ao jubiloso universo e criam uma poderosa conexão com tudo que está além do intelecto racional. As penas nos carregam aos lugares mais íntimos da alma, onde encontramos nossas próprias asas para alçar vôos ainda mais ousados.

•

Parte Um
O Mistério das Penas: Mensagens Místicas do Espírito

Você Pode Fazer Isso!

Maril Crabtree

Meus pés estão pegando fogo. O asfalto da rodovia se estende, sem fim, a minha frente. Está quente — não, mais do que quente: é o calor escaldante de um dia de agosto no Missouri. O único vento, quente e sufocante, parece ter saído de uma fornalha.

Estou andando há muito tempo, desde cedo, e são três horas da tarde, o momento mais quente do dia. Enxugo o suor de meu rosto e sinto o filtro solar escorrer em meu queixo. Meus cabelos estão molhados e grudados sob o chapéu de brim. Meus quadris estão doloridos e cada osso e músculo de meu corpo implora por descanso.

Conheço essa dor. Já fiz isso antes. Todos os anos, entre 6 e 9 de agosto, eu e algumas pessoas realizamos um trajeto de 95 quilômetros pela rodovia, onde cada passo representa um japonês morto em Hiroxima e Nagasáqui. Este ano, somos vinte a caminhar, um pequeno grupo de peregrinos da paz, lembrando o aniversário daquela tragédia terrível, um mundo de dor e sofrimento muito maior que meu mundo corpóreo, um mundo em guerra. Terminamos aquela guerra só para iniciar outra: a guerra pela "defesa" nuclear, pela "segurança" contra as armas nucleares. A cada ano, eu atravesso a mesma região do Missouri, ainda marcada por silos de mísseis, para me lembrar de que tenho uma escolha, uma escolha relacionada a minha vida e ao que posso fazer pela paz.

Mas agora estou prestes a desistir. A colina mais longa de toda a jornada está logo à frente e há ainda um quilômetro e meio a percorrer antes de chegar ao topo, onde tomarei a água abençoada e terei dez minutos para descansar. Caminho atrás de todos; não ouso parar antes de atingir o topo da subida. Mas não vejo como o farei. Meus olhos ardem por causa do suor e do cansaço.

Então, vejo a pena: grande, intata e perfeitamente branca, acenando para mim na grama do acostamento. Por que o vento, causado pela passagem dos gigantescos caminhões na rodovia, não a levou embora? Nunca saberei, mas a pena persiste, acenando para mim e dizendo, como se gritasse em meus ouvidos: "Você pode fazer isso!"

E dou risada, sabendo que *posso*. Sinto a energia da pena penetrando em meu corpo, como se ela me desse asas de pura luz. Quase corro o último quilômetro até a colina, rindo de encantamento. Sou um pássaro voando e batendo minhas asas com alegria, não exausta, mas sim extasiada. Aquela colina nunca mais será um desafio intransponível.

Outro pensamento flui em minha consciência. Se posso voar até aquela colina, posso fazer qualquer coisa! Tenho apenas de recorrer à ilimitada energia do universo que sempre nos rodeia e me sentir instantaneamente renovada. Durante todo o dia seguinte, a lembrança daquela pena branca surge em minha mente e alimenta meus músculos fatigados devido aos quilômetros finais de nossa caminhada.

Quando voltei para casa, tentei identificar o tipo de pássaro que deixara aquela pena no meio dos campos do Missouri. Ninguém pôde me dizer. Estaria eu tendo alucinações? Não importava. Eu sabia que a energia que recebi não era alucinação, e sabia que poderia subir qualquer colina no sentido literal ou figurado... com a pequena ajuda de meus amigos alados.

As Penas

Linda Hogan

Durante anos, eu rezei por uma pena de águia. Queria uma pena de um pássaro vivo. Uma águia morta não me ofereceria nada do que eu esperava. Um pássaro morto em nome do poder humano é, na verdade, uma perda para o mundo, e não um ganho.

Minha primeira pena de águia, lustrosa e inocente, foi dada a mim por um curandeiro tradicional, o qual fui ver quando estava doente. Ele me contou uma história a respeito das penas. Quando criança, seu lar fora incendiado. Tudo que sobreviveu ao fogo foram as penas de águia. Elas permaneceram entre as ruínas de sua casa, pairando sobre as cinzas e a água. A pena que ele me deu era uma das sobreviventes. Eu ainda a mantenho guardada numa caixa de cedro em minha casa.

Moro numa região montanhosa. Não é raro ver águias douradas no desfiladeiro, acima de nós. Certa manhã, após anos rezando por uma pena, sonhei que estava dentro de um templo. Era um local sagrado. Havia outras pessoas, apreciando as paredes ornamentadas, os ícones de ouro, os santos venerados, mas minha atenção voltou-se para o teto. Era rosa e esférico, cravejado de folhas e galhos desenhados em ouro.

— Olhem para cima — eu disse aos outros. — Olhem.

Ainda sonhando, pronunciei essas palavras em voz alta, e o som de minha voz me acordou. Desperta, obedeci meu comando e olhei para cima, onde vi a janela aberta de meu quarto. No mesmo instante, uma imensa águia dourada voou em direção à janela; estava tão próxima que pude ver seus olhos negros me fitarem, momentos antes de ela pegar uma corrente de ar e alçar vôo até o telhado da casa. Levantei-me e corri para fora, descalça, a fim de verificar aonde o pássaro estava indo.

Se eu lhe dissesse que a águia tinha desaparecido e que havia somente uma pena na rua quando saí, você provavelmente não acreditaria. Também sei quanto tempo leva para uma pena cair no chão, se carregada pela corrente de ar. Sempre esperei uma pena de águia. Cobri distâncias, olhando para cima, mas nunca nenhuma pena caiu. Ela simplesmente planava até sumir de vista. Mas no dia de meu sonho, uma pena estava lá. No chão, a águia deixara seu presente branco e com as pontas negras.

Sei que há uma explicação física para isso, uma lei natural acerca da leveza e do ar. Esse evento contradiz a lógica. Como explicar a pena, o pássaro na janela, minha voz me acordando, como se outra pessoa mais sábia e atenta morasse em mim? Só consigo pensar que existe outra força, mais profunda que a física, trabalhando; algo que vem de um mundo onde luz e trovão, sol e nuvens vivem. Nem sei dizer por que tantos de nós esquecemos o mistério da natureza e do espírito, enquanto por centenas de anos tais coisas aconteceram e foram registradas por nossos ancestrais.

Quando minha neta, Vivian, veio ao mundo, eu me encontrava na sala de parto para recebê-la e cortar o cordão umbilical, a ligação entre ela e a mãe, sua origem. Assim que o cordão secou e caiu, nós o guardamos num pote até que eu pudesse costurar um saco umbilical para acolher aquela primeira ligação, a fim de manter minha neta conosco, segura e bem.

Um dia, alguns meses depois, meus pais vieram nos visitar. Como sempre, a presença de meu pai nos remetia a nossa identidade e origem. Portanto, pusemos o berço na sala. Minha filha, Tânia, vestiu sua roupa tradicional de contas e pérolas. E, de repente, com uma expressão de horror, ela exclamou:

— Sumiu! — Tânia correu em direção ao pote que continha o cordão do bebê.

Ela estava certa. O cordão, o bem mais valioso de nossa casa, havia sumido. Por causa do peso e do formato do pote, e devido a sua posição na estante, seria impossível que o vento o tivesse levado. Tampouco um animal poderia tê-lo pego.

Durante toda aquela noite, procurei sob as cadeiras, nos cantos e nas gavetas, vasculhei a casa toda, embaixo dos móveis, nas prateleiras, até que, enfim, não restou um só lugar para verificar.

Várias vezes em meio à busca, abri a caixa de cedro que continha tabaco, milho, artemísia e minha primeira pena de águia, aquela que sobrevivera ao incêndio. Novamente, eu voltava à caixa, estranhando meu comportamento. Eu a abria, perguntando-me por que me via tão compelida a examinar seu conteúdo. É uma caixa pequena sem nenhum esconderijo para um cordão umbilical e, no entanto, eu sempre retornava a ela. Abria a caixa, olhava o conteúdo e a fechava.

No meio dessa procura, um amigo de origem indígena telefonou a fim de nos convidar para um acampamento em Montana.

— Ainda bem que você ligou — eu disse a ele. — Perdi o cordão umbilical de minha neta. — Contei-lhe quão mal me sentia e que talvez o cordão quisesse estar em outro lugar, como na reserva em Dakota do Sul, onde jaziam as origens de minha filha. Ou podia ser um sinal de que eu negligenciara minha vida espiritual, o que acontece com freqüência quando trabalho, vivo e ensino num mundo de conhecimentos diferentes.

Ele me disse que uma cerimônia poderia funcionar. Desliguei o telefone e fui preparar o rito. Logo depois, subi uma colina sob o luar, em direção a um aglomerado de árvores, onde realizei a oferenda. A minha volta havia o canto dos insetos, um falcão com seu chamado agudo e seu farfalhar de asas.

Quando voltei, dirigi-me mais uma vez à caixa de cedro. Dessa vez, a pena, outro objeto de valor para mim, havia sumido. Não entendi como aconteceu. Sim, eu abria a caixa inúmeras vezes, mas a pena nunca saía do lugar.

Coloquei-me de quatro, olhei sob as cadeiras e avistei a pena de águia, que apontava em direção ao cordão umbilical, que agora achava-se tão misteriosamente no local que eu havia vasculhado diversas vezes.

Foi a pena que me levou ao cordão umbilical do bebê. A pena, o elemento do pássaro, tão preparada para voar com o vento, era um fragmento de todo um vôo. Ela percorrera distâncias, elevara-se e caíra sob o sol.

Talvez haja eventos e coisas que funcionem como um portal para o mundo místico, o mundo do povo primitivo, uma volta à criação do universo e aos primeiros fragmentos de terra, o primeiro sopro de ser humano no início de um tempo. Nossos anciãos acreditam que é verdade, que é possível voar até o princípio de tudo e, ao fazê-lo, encontrar uma razão sagrada, diferente da razão comum, que está ligada às forças da natureza. Nesse tipo de pensamento, tal qual na pena, o poder do céu, do trovão, do sol e de tantas outras alianças forma um pensamento ainda mais arcaico que o tempo, e menos primitivo que o presente. Outros tentaram, durante séculos, entender o mundo por meio da ciência e do intelecto, mas ainda não compreendem os animais, a terra infinita ou mesmo suas próprias mentes e comportamento. Quanto mais vasculham o mundo, mais perto chegam do espiritual, das origens mágicas da criação.

Há ainda um lugar, um espaço entre mundos, citado pelos conhecimentos tribais de centenas de anos. Nesse lugar, existem vôos silenciosos à margem das lutas humanas e de nossos desenhos. Às vezes, quando estamos muito quietos, damos um passo em direção a esse mistério, o lugar do espírito. E, é preciso lembrar, o mistério por sua própria natureza não gosta de ser conhecido.

Há algo vivo na pena. Seu poder talvez esteja no sonho do céu, nas correntes de ar e no silêncio de sua criação. Ela conhece o interior das nuvens. Carrega nossas necessidades, nossos desejos e as histórias de nosso sofrimento. Ela se eleva e cai no espaço elementar, uma parte do mundo elaborado onde o peixe nada contra a gravidade, onde as enguias tornam-se tão prateadas quanto a lua.

Como a pena chegou à estrada empoeirada onde moro? Como ultrapassou as correntes de ar? Como a pena sobreviveu ao fogo? Nunca saberei. Tampouco saberei que voz falou através de mim no sonho. Só sei que existem poderes simples, estranhos e reais.

•

Uma Questão de Estilo

Dra. Rachel Naomi Remen

Não somente podemos testemunhar o Mistério, como também, de forma profunda, somos o Mistério. Nossas vidas podem não estar limitadas pela nossa história, e podemos ir mais longe do que ousamos sonhar. Se a Vida em si não é totalmente definida pela ciência, talvez sejamos mais do que a ciência acreditaria sermos.

Quando Ahiro veio me ver, ele estava na fase terminal de um câncer de próstata. Viera preparar-se para morrer. Era japonês, um belo homem que vivera com integridade e certa elegância. Sua vida fora a família e o trabalho. Desde o início, ele estabelecera nossos encontros e encarregara-se deles. Disse-me que queria convidar para nossas sessões aqueles que tinham abençoado sua vida, um de cada vez, com o intuito de agradecer-lhes por tudo que lhe haviam dado.

Tal programação não é incomum nesse momento de vida, mas alguns daqueles que ele planejou convidar me pegaram de surpresa. Pensei que Ahiro convidaria a esposa, os filhos e alguns amigos mais íntimos. Contudo, dentre as pessoas que amava, havia vários concorrentes profissionais. Ao escutar as histórias dessas pessoas, eu as consideraria inimigas de Ahiro. No entanto, ele sentia um profundo respeito por elas e acreditava que o haviam estimulado a obter um excelente nível profissional, o qual jamais atingiria sem tais concorrentes. Queria agradecer-lhes.

E, então, começamos. Na metade da programação, quando discutíamos o encontro que tivéramos com um de seus filhos, Ahiro, de repente, parou no meio da frase e olhou para mim.

— Rachel — ele disse —, sou um homem culto. Devo acreditar que a morte é o fim. E você, como uma mulher culta, certamente acredita que a morte seja o fim. Não é?

Mais uma vez pega de surpresa, eu o olhei. Ele sorria para mim, mas seu olhar refletia seriedade. Pela primeira vez, perguntei-me se nossos encontros tinham um significado mais profundo do que imaginávamos.

— Eu costumava pensar que a morte era o fim — respondi devagar. — Mas agora simplesmente não sei. A morte me parece ser o último mistério que dá significado e valor à vida. Não sei se a morte é o fim.

Ele ficou surpreso.

— Ora, você não acredita num céu povoado de anjinhos. — Ahiro me encarou e franziu o cenho. — Ou acredita?

— Não sei — eu lhe disse. Houve uma pausa. Um brilho distinto cintilou nos olhos de Ahiro, e tive a nítida sensação de que tínhamos entrado num nível de percepção um do outro que eu mal podia entender. Então, ele sorriu e esqueceu o assunto.

Continuamos a nos encontrar semanalmente com os membros de sua lista. Mas, em cada uma das sessões, ele trazia à tona o assunto quando eu menos esperava, como se, pegando-me de surpresa, pudesse descobrir em que eu realmente acreditava acerca da morte. Contei-lhe histórias e experiências. Ele me falou de suas extensas leituras. Comecei a ansiar por tais discussões. Eram estimulantes, fervorosas, com freqüência engraçadas e às vezes profundas. Cada vez que ouvia seus argumentos bem elaborados a respeito da finitude, eu lhe dizia:

— Ainda não sei. — Creio que ele ficava frustrado. E intrigado.

Durante nosso penúltimo encontro, ele mais uma vez levantou o tema. Ao escutar novamente meu "eu não sei", Ahiro começou a rir.

— Rachel, sou um homem instruído. *Tenho* de acreditar que a morte seja o fim. Mas, caso não seja, voltarei na forma de uma grande garça branca e lhe darei um sinal de que perdi essa discussão.

E, então, aquele homem alto e elegante se levantou. Com as duas mãos nas costas e erguendo uma das pernas, esticou o pescoço e, por um mero instante, tornou-se um grande pássaro branco. Ambos rimos a valer.

— Aparecer na forma de uma grande garça branca me parece um tanto óbvio — eu lhe disse. — Lembra-se daqueles programas de televisão, em que os animadores faziam um estardalhaço quando alguém dizia algo interessante?

— Lembro — ele respondeu, rindo. — Não é meu estilo. Sou mais minimalista.

— Talvez você encontre outro jeito — comentei.

Ahiro me olhou por um momento considerável.

— Farei algo que você reconheça — ele disse, repentinamente sério.

Após alguns meses, esse homem incrível faleceu. Pouco tempo depois, eu me encontrava no prédio Transamérica, uma estrutura piramidal no centro financeiro de São Francisco, esperando um elevador que me levaria a um compromisso. A altura do prédio tornava os elevadores lentos. Tais momentos dão às pessoas a oportunidade de estar consigo mesmas. Naquele breve instante, pensei em Ahiro e no quanto sentia falta de nossas conversas. Lembrei-me de uma das extraordinárias facetas que descobri nele e que homem encantador ele fora.

Enfim, um dos elevadores chegou. Estava vazio. Então, com a lembrança repleta de imagens desse relacionamento, eu entrei. As portas se fecharam e o elevador moveu-se de forma tão abrupta que quase perdi o equilíbrio. Olhei para o chão a fim de recuperar o apoio dos pés e, no piso do elevador, havia uma única e perfeita pena branca.

Em minha mente, eu continuava minhas discussões com Ahiro. Como sempre, ele apresentou a solução de maneira inesperada, e certamente aprofundou o nível do diálogo. Ainda não sei se há vida após a morte, mas talvez não seja essa a questão.

O importante é que o Mistério acontece e nos oferece a oportunidade de pensar juntos e reivindicar uma sensação de arrebatamento e vida. As penas que caem em nossas vidas não oferecem provas ou certezas. Elas apenas nos lembram que devemos ficar atentos e escutar, porque o mistério do coração da vida pode lhe falar a qualquer hora.

•

Ser uma Pena

Mark Nepo

Ele se sentou quieto,
enquanto seu pai caía no silêncio.
Às vezes, seu pai
olhava a distância e
o formato dos olhos
modificava-se, e ele sabia
que o pai trazia consigo coisas que acontecem
onde ninguém pode falar.

Foi então que a pena
apareceu. Ele tentou adivinhar
se era de um falcão ou de um corvo ou
talvez de uma garça, mas seu pai
disse: "Não importa de que voador
ela veio. O que importa
é que ela nos leva
e nos traz à vida superior e à vida inferior".

Seu pai segurou a pena
como se fosse dele.
"Ela nos leva ao céu
e ao solo até que
ambos estejamos em casa".

Seu pai colocou a pena
nas mãos dele.
"Qualquer coisa que nos liga ao superior e
ao inferior é tal qual uma pena.
A quietude é uma pena.
A dor é uma pena.
A amizade é uma pena.
As coisas que acontecem
onde ninguém pode falar
são tal qual uma pena. Você
é uma pena".

A Pena como "Alimento" para o Pensamento

Carole Louie

Tenho colecionado penas desde que minha filha era criança. Quando íamos juntas à praia, ela trazia uma "pena de presente para a mamãe". Eu sabia intuitivamente que as penas eram importantes, mas somente depois de começar a estudar metafísica, percebi que as penas que despertam a nossa atenção podem ser "precursores" do mundo espiritual. Agora, cada vez que uma pena aparece, eu a seguro em minha mão e escuto a mensagem que ela me traz.

Um dia, enquanto tirava pratos congelados do *freezer*, vi uma pena verde e brilhante presa ao pacote. Era um verde vivo, bem natural. Nunca havia visto nada parecido e fiquei chocada.

Segurei a pena e a escutei. Ela dizia que não falaria comigo diretamente e que eu devia pedir ajuda.

Pedir ajuda não é algo que sei fazer, mas minha curiosidade em relação à mensagem que aquela misteriosa pena verde teria para mim sobrepujou minha relutância.

Naquela noite, levei a pena a meu grupo de meditação e contei-lhes a história. Passei a pena aos outros, pedindo-lhes que a segurassem e tentassem escutar alguma mensagem endereçada a mim.

À medida que a pena passava de mão em mão, todos me deram um fragmento da mensagem. Uma mulher disse que a pena era um *aporte* — uma manifestação física do mundo espiritual, transportada por forças angelicais. Tendi a concordar com ela, já que não tinha outra explicação para o fato de tê-la encontrado dentro do *freezer*.

Depois de receber todas as mensagens, concluí que a pena viera me dizer que o amor estava a caminho e que uma parte de mim estivera muito tempo "congelada", e que agora era hora de "derretê-la". Ao curar aquela parte congelada de mim, mais amor entraria em minha vida.

Compreendi a mensagem e concentrei-me em minha cura. Pouco tempo depois, conheci um homem que me proporcionou mais amor do que eu jamais recebi! A pena chamou minha atenção a fim de que eu me preparasse para aprender, e o amor foi o professor.

•

Meditação

LOCAIS ONDE ENCONTRAR PENAS

Vá a um lugar sossegado, dentro ou fora de casa. Se quiser, ouça uma música suave. Após alguns momentos de total quietude, pegue lápis e papel. Faça uma lista de locais onde você pode encontrar uma pena. Compare sua lista com a seguinte, a qual mostra onde as penas dessas histórias verídicas foram encontradas:

- Na rodovia
- Atrás de latas de lixo
- Em quintais (e jardins também!)
- Em acampamentos (até em seu saco de dormir!)
- Em apanhadores de sonhos
- Em sonhos
- Em elevadores
- Nas flores
- Nas caixas do correio
- Em prédios de escritórios
- No campo
- Em parques ou *playgrounds*
- Em sua geladeira ou *freezer*
- Nos legumes
- Na mata
- No zoológico
- Nas praias
- Nas estradas
- No capô de seu carro (olhe também dentro do carro)
- Numa trilha da montanha
- Nas ruas
- Sob os faróis
- Sob árvores e arbustos •

Locais onde as penas podem encontrá-lo:
QUALQUER LUGAR!

Dançaremos Novamente

Janet Cunningham

A experiência de obter uma pena surge do *nada*, como um símbolo de encorajamento para além do pensamento racional. Porém, essa experiência aconteceu em minha presença e foi testemunhada por várias pessoas.

Eu trabalhava como hipnoterapeuta com um grupo de sete mulheres, as quais possuíam lembranças similares de estarem juntas numa tribo indígena americana em outra encarnação. As lembranças de suas vidas passadas haviam emergido por meio de meditação, memória espontânea, terapia de vidas passadas, trabalho corporal e arte. Algumas das mulheres tinham lembranças de um massacre total da tribo a que pertenciam. Descobriram que o chefe da tribo, Águia de Prata, aprisionara-se na escuridão: ele fora torturado e forçado a testemunhar o enforcamento e esquartejamento de sua companheira e de sua filha.

Numa noite de inverno, as mulheres se encontraram em meu consultório para uma regressão em grupo, durante a qual tentariam desenterrar mais do que suas vidas naquela encarnação e discernir o objetivo de estarem juntas nesta vida. Elas posicionaram as cadeiras em círculo, e eu suavemente levei-as de volta à outra vida, como índias americanas.

Um pouco antes de a sessão terminar, uma delas sentiu a energia do chefe e canalizou sua mensagem ao grupo:

Vocês realizaram uma importante missão. Ao reviver o sofrimento, limparam a alma de lembranças aprisionadas que tinham de ser libertadas, tal qual eu precisei fazer. Algumas lembranças — o amor, a convivência, os momentos felizes — podem agora ser revividas. Alimentem-nas. Descartem a amargura, a dor, e sigam em frente. Tenho muito orgulho de meu povo. Dançaremos novamente. Renovaremos a Mãe Terra.

O silêncio invadiu a sala. Todas nós tínhamos sentido uma energia extraordinária enquanto a mulher falava. Por fim, após continuar a discussão, o grupo começou a se preparar para ir embora. De repente, uma mulher exclamou:

— Olhem! Uma pena. — Ela apontou o centro de nosso círculo. Sobre o carpete da sala havia uma pequena pena cinza.

— Quem a trouxe? — eu perguntei.

Todas se entreolharam e ficaram em silêncio. Ninguém havia trazido aquela pena. A regressão ocorrera numa sala fechada e sem janelas.

— Alguém deve tê-la trazido — insisti.

As mulheres continuaram e se perguntar a quem pertencia a pena. Mas nenhuma delas a trouxera. Por fim, elas caminharam devagar em direção à porta, ponderando acerca da inesperada aparição. Então, como se em resposta a nossas dúvidas, uma outra pena apareceu no centro da sala!

Não precisávamos de mais garantias. De alguma maneira, sabíamos, o chefe Águia de Prata atravessara o tempo, o espaço e o desconhecido para nos dar aquele sinal. E tal experiência continua a ser um sinal para mim da estreita ligação entre nossa "realidade" e outros mundos ocultos.

Canção Indígena Americana

Autor Desconhecido

Gritando pela noite
com suas grandes asas
rodopiando na escuridão;
escuto a Águia
puxando o manto negro
do céu do leste.

O Presente da Águia

Josie Asa de Corvo

Enquanto morava no Arizona, eu passava incontáveis horas vagando pelas dunas coloridas do Deserto Pintado e pelas planícies de *Dinetah* (terra navajo). Foi durante uma dessas caminhadas que encontrei uma linda asa de corvo, tal qual uma afirmação ao nome que eu adotara.

Inspirada pela riqueza de maravilhas e poderosas paisagens do Arizona, comecei a convidar pessoas de todas as partes do mundo para conhecer retiros de uma semana das Visões do Deserto. Levei-as a alguns desses locais poderosos, conduzi cerimônias e deixei os participantes se banhar na energia sutil do deserto. Lá, experienciaram curas, visões, momentos milagrosos de revelação e presságios, e um profundo agradecimento ao poder da Mãe Terra.

Ao final de um recente retiro das Visões do Deserto, numa noite cristalina, nós nos sentamos ao redor da fogueira com uma mulher *Dineh* (navajo), que me auxiliou durante muitos anos, e escutamos sua história. Ela é neta de uma respeitável feiticeira que a criou e que está lentamente preparando-se para deixar este mundo, um fato que entristece minha amiga. Ela contou uma série de eventos ocorridos em sua vida — um período tumultuado e, às vezes, assustador que compôs a jornada xamânica de seu espírito.

Quando terminou a fascinante história, ela se virou para mim, com seus olhos negros e brilhantes, e declarou que, devido a tudo que passara durante seu período de iniciação, ela agora se havia tornado uma "duas águias". Mais que isso, a primeira "duas águias". Ela, então, adentrou a noite, enquanto permaneci perto da fogueira, tentando assimilar aquela declaração e discernir o que significava. Sem respostas, fitei o céu estrelado, ponderei acerca dos mistérios do Espírito e de minhas iniciações xamânicas igualmente intensas, e, enfim, eu me recolhi ao conforto de meu saco de dormir.

Depois que o retiro terminou, comecei a viagem de volta a minha casa, parando aqui e ali para usufruir de alguns dos magníficos parques, os quais não havia visitado. Um deles era o Monumento Nacional dos Arcos, em Utah, um grande *playground* onde antigos gigantes tinham formado numerosos arcos de pedra maciça durante suas brincadeiras.

Era um dia quente e ensolarado. O calor intenso originava gotas de suor por meu corpo, à medida que eu subia a trilha que levava ao Arco Delicado. Finalmente, após me perguntar quantas horas mais o trajeto duraria, eu contornei a trilha e lá estava ele!

O Arco Delicado se erguia na extremidade de um gigantesco anfiteatro de pedra. Para além do arco, havia um precipício de centenas de metros e montanhas, cujos cumes estavam cobertos de neve, sussurrando seus segredos através da distância. Venci meu medo de alturas e contornei, cuidadosamente, a extremidade do arco. Passei pela multidão de turistas com suas câmeras e cheguei ao centro do Arco Delicado.

Fiquei ali por certo tempo, absorvendo o poder evidente do lugar. Então, sentei-me para contemplar a fantástica beleza da vista. Meu coração e espírito se regozijaram. Eu queria apenas me levantar e cantar meu encantamento por aquela maravilhosa criação. Hesitei; havia tantas pessoas ao redor que não conseguia obter coragem.

Mas o Espírito tinha outros planos. Momentos depois, um corvo surgiu do nada e voou tão perto que consegui escutar o roçar das penas ao vento. Ele me chamou de tal forma que me vi impelida a entoar as canções sagradas das tradições nativas daquela terra. Como eu poderia negar meu nome?

Levantei-me e caminhei até o centro do arco. Enchi meus pulmões e comecei a cantar do coração, da barriga, das entranhas, do espírito. Minha voz ecoou pelos desfiladeiros e minha alegria por estar viva e presente naquele lugar magnífico explodiu em sonoridade. Todas as experiências do último retiro estavam lá também: os rostos brilhantes do grupo após a suada cerimônia, os olhos repletos de mistério, o uivo dos coiotes nas profundezas da noite. Tudo isso e muito mais fluíam de dentro de mim e extravasava como uma comemoração do Espírito.

Depois de cantar quatro vezes a canção — quatro é um número de equilíbrio e harmonia —, saí do centro do arco, notando que muitos turistas tinham estado quietos e imóveis durante a canção. Peguei minha garrafa de água, despejei um pouco do líquido na lateral do arco como oferenda e entoei uma oração silenciosa a fim de que sempre houvesse água para o povo, as criaturas e as plantas.

Cerca de trinta segundos após despejar a água, pequenas gotas de chuva começaram a cair do céu azul e límpido! A chuva leve e refrescante continuou a me molhar, enquanto eu descia a montanha. Quando cheguei a meu carro, ela parou, e mais uma vez agradeci a bênção e a forma como esta tornou minha caminhada tão prazerosa.

Quando voltei à rodovia para prosseguir minha viagem, as primeiras cores do entardecer pintavam as rochas de ambos os lados da estrada. Sentia-me aquecida por aquelas cores e pelo amor por aquela terra, à medida que dirigia.

De repente, minha atenção voltou-se para a lateral da rodovia, onde avistei, de relance, algo se debatendo. Parte de mim soube imediatamente o que era, e a outra parte não podia acreditar. Parei no acostamento e voltei até o local. Quando cheguei, abri a porta do carro e, com o coração em disparada, aproximei-me.

Ela estava lá, com suas penas movendo-se à brisa da tarde. Era uma águia jovem, que parecia ter finalizado seu último vôo. No mesmo instante, eu soube o que acontecera — vi a imagem claramente em minha mente. Ela devia estar caçando e, quando atravessou a rodovia atrás de sua presa, trombou num caminhão que passava e caiu na terra. Era um animal jovem e, logo, não soubera desviar-se do tráfego. Trazida do céu como a chuva repentina, a águia jazia a meus pés.

Ofereci tabaco e uma breve cerimônia para a jornada do espírito da águia. Então, sabendo que não poderia deixar aquele corpo à mercê dos veículos e dos abutres, eu o tomei nos braços. Por um momento, a águia era como uma criança que o céu me enviara para cuidar.

Tão logo a acomodei no banco traseiro do carro, comecei a dirigir e a rezar pedindo ajuda para saber o que deveria fazer com a águia. O espírito dela era uma presença tangível atrás de mim. Cantei para ele e homenageei seu caráter caçador e sua força, chorando e sentindo-me capturada pelo seu poder.

Tornou-se claro o que deveria ser feito. Vi seus olhos negros e brilhantes e escutei sua voz me dizendo que ela era "duas águias". Retornei à terra navajo e a entreguei à primeira "duas águias" como um presente à neta da feiticeira, a sua avó, por tudo que ela transmitiu, e ao *Dineh*, o Povo.

Uma Pena com um Coração

Reverendo Fern Moreland

Quando estudava mediunidade e sacerdócio, uma das primeiras palavras que ouvi foi *aporte*. O que essa palavra significava? Significava, simplesmente, mover um objeto de um lugar a outro com o auxílio de meios visíveis ou invisíveis. Alguns mágicos fazem isso com truques, mas minha experiência com esse tipo de aporte veio do reino espiritual.

Eu saía do banco, localizado no agitado centro da cidade, quando algo me fez olhar para cima. Parei no meio do caminho e vi um pequeno objeto branco caindo do céu em minha direção. Olhei para além dos prédios, enquanto o objeto descia, flutuando, até tombar a meus pés. Abaixei-me e o peguei, surpreso ao notar que se tratava de uma pena de andorinha-do-mar.

Outros a meu redor olhavam para cima, imaginando que pássaro estaria voando, mas não havia nada no céu — somente aquela única pena. Eu sabia que não era uma pena de pombo por causa de seu formato. A "andorinha-do-mar" era o que me vinha à mente. O rio Missouri estava ao norte da cidade, mas eu nunca tinha visto uma andorinha-do-mar ou escutado falar sobre a presença de uma delas na região. De onde viera aquela pena?

Continuei a ponderar ao dirigir para casa e nos dias que se seguiram, quando mostrava a pena a outras pessoas. Elas também nunca tinham visto uma pena como aquela. Por fim, coloquei a pena numa touca indígena que tenho em meu carro.

Mais tarde, compareci a um encontro da Sociedade de Pesquisa Psíquica. Depois do evento, um homem aproximou-se de meu carro, apontou a pena e perguntou-me onde eu a encontrara. Relatei minha experiência. Ele me olhou, cético. Quando lhe perguntei quem ele era, disse-me seu nome e me falou que era um ornitólogo.

— Essa pena de andorinha-do-mar só pode ter vindo da região de Salt Lake — ele explicou.

— Verdade? — repliquei.

— Verdade — ele repetiu.

Naquele momento, eu banquei o cético. Mas a pena era real, branca e linda. Quem a enviara até mim? A resposta surgiu pouco tempo depois, quando, pela primeira vez, um espírito guia falou comigo, numa voz masculina e profunda, identificando-se como uma voz profética. Eu o batizei de o Grande Pena Branca.

A primeira vez em que escutei a voz em minha mente, pensei: "Fern, você deve estar louco".

— Não, Fern, você não está louco — a voz me assegurou.

Desde esse dia, tenho escutado a voz do Grande Pena Branca e a reconheço como um condutor para Deus, ou o Todo-Poderoso, ou qualquer termo que você prefira.

O Grande Pena Branca tem senso de humor. Um exemplo de uma de suas brincadeiras aconteceu quando eu devolvia um livro na biblioteca. Naquela época, eu tinha uma perua Toyota e usava o banco traseiro para guardar mapas, um guarda-chuva ou qualquer coisa de que precisasse. Fui à biblioteca, depositei o livro no balcão e voltei à perua. Quando me aproximei do veículo, notei que tudo que estava sobre o banco havia sido jogado no chão.

Quem teria feito aquilo? Eu sempre trancava o carro e aquele dia não foi uma exceção. Uma por uma, verifiquei as portas, e todas estavam trancadas. Irritado e intrigado, destranquei a porta e coloquei tudo no banco traseiro. Assim que terminei, algo atraiu minha atenção para o console entre os dois bancos dianteiros. Lá, havia uma pena, a qual, mais tarde, identifiquei como sendo de codorna.

As cores da pena eram as minhas favoritas: vermelho, ferrugem, marrom e preto. Sua ponta possuía o formato de um coração. Comecei a chorar. Uma das maiores mensagens do Grande Pena Branca era o aporte de vários tipos de corações: botões em forma de coração, penas, bótons, folhas jogadas na calçada em que eu caminhava.

Quando nos encontramos em sintonia com o Espírito, progredimos rapidamente. Não duvido que falo com Deus e que Deus fala comigo por meio das penas e de meu espírito guia. Não seria Deus o espírito residente em todas as coisas vivas? Toda vez que uma pena aparece em meu caminho, é Deus dizendo:

— Fern, acredite no coração. Tudo vai dar certo.

Peça e lhe Será Dado

Victoria Rose Impallomeni

Pássaros de uma pena irão se reunir.
— Robert Burton, *The Anatomy of Melancholy*

Sou de origem indígena, da região de Key West. Nos últimos vinte anos, escolhi ensinar ciência da flora marinha a pessoas que querem aprender mais sobre nossa ligação com a natureza estando *na* natureza. Sou capitã de um pesqueiro e levo pessoas aos mangues — a selva de Deus — para ver pássaros, peixes e outras espécies selvagens em seu ambiente natural. Essa área é o lar de dúzias de espécies de garças, andorinhas, pelicanos, águias-pescadoras, falcões e corvos-marinhos.

Percorremos um longo trajeto desde minha infância, quando era permitido atirar em pássaros e meu pai costumava praticar tiro ao alvo em corvos-marinhos. Graças às leis que protegem essas ilhas e recifes de corais de constantes ruídos, poluição, vazamentos de óleo e jet-skis, a área pode ser um refúgio pacífico para todas as espécies raras.

Quando me abro para me conectar à natureza, coisas incríveis acontecem. Sinto uma ligação especial com os pássaros, e meu compromisso é ensinar às pessoas como a humanidade os afeta. Lutei por leis que os protegessem. Meu nome espiritual é Mulher Garça Branca. Com freqüência, peço — e recebo — penas de meus amigos alados, mas naquele dia em particular me senti abençoada pelo que aconteceu.

Duas freiras católicas haviam marcado um passeio comigo. Eram amantes da natureza e estavam animadas para passar um dia na água, vendo de perto o que só haviam visto em livros. Imaginei o que elas pensariam de minhas crenças espirituais, as quais eram mais sintonizadas às *divas* da terra e à natureza que a qualquer outra religião formal.

Assim que deixamos o porto, levei-as à primeira parada, uma pequena colônia que serve de poleiro a magníficas fragatas que passeiam na área. O nome desses pássaros se deve ao fato de que navegam como as velhas fragatas. Você pode vê-los voando em locais quentes, mas não os vê pousar com muita freqüência. As fragatas estariam mortas se estivessem na água, porque precisam do vento sob suas asas para decolar. Elas planam durante o vôo; portanto, têm de permanecer no ar.

Nós nos aproximamos da ilha. Era o auge da época de acasalamento. Direcionei o barco acima da corrente e do vento, e desliguei o motor para que pudéssemos navegar pela ilha em paz. Coloquei uma música linda — valsas vienenses, porque esses pássaros parecem valsar no ar.

As fêmeas, de peito branco e cabeça preta, esticavam o pescoço em direção ao vento. Os machos, totalmente pretos, exceto pela papada vermelha que inflam para atrair as fêmeas, brigavam para estar perto delas. Quando as fragatas-machos alçaram vôo, elas nos presentearam com um balé intricado. O cortejo foi sensual e erótico, algo difícil de reparar a menos que você permaneça quieto e observando.

Encantadas, assistimos à cena até que percebi que nos aproximávamos demais da ilha. Relutante, liguei o motor para afastar o barco. O barulho assustou várias fragatas e elas voaram bem acima de nós.

Olhei para cima e disse:

— Se alguma de vocês tem uma pena para me dar, eu ficaria agradecida.

Uma fragata desceu, puxou uma enorme pena preta e soltou-a. Boquiabertas, vimos a pena rodopiar no ar e cair no barco. As freiras ficaram atônitas.

Em silêncio, agradeci à fragata. Era como se uma magia real estivesse acontecendo. Perguntei-me como as freiras interpretariam aquele evento. Não levei muito tempo para descobrir.

— Foi como se o Criador entendesse sua mensagem por meio do pássaro — disse uma delas, e a outra assentiu, concordando.

Tal explicação chegou muito perto da minha.

•

Ritual

MANIFESTAÇÃO DAS PENAS

Procure um local calmo, onde você possa se concentrar. Se tiver uma pena, segure-a na mão. Se puder estar ao ar livre, suba numa colina ou numa montanha. Leve a pena com você.

- Durante a meditação, peça ajuda e orientação para o que precisar saber nesse momento de sua vida. De que qualidade você mais precisa? O que poderia ajudá-lo em seu caminho espiritual?
- Leia a lista de penas coloridas e seus significados mais adiante neste livro. Veja se o que lhe ocorreu durante a meditação combina com algumas das qualidades listadas.
- Mais uma vez em meditação, crie a intenção de que uma pena irá até você como forma de confirmação à dádiva que você pediu. Visualize-se segurando uma pena daquela cor, todo o seu ser banhado pelo brilho da cor que está segurando.

Quando a meditação terminar, agradeça as graças que receber, incluindo uma bênção a todas as penas que forem a você em quaisquer formas (desenhos de penas, pássaros voando etc.).

Nos dias que se seguirem, esteja atento à presença ou à ausência da qualidade que você pediu, e à cor que a simboliza. A cada vez, renove sua intenção por uma pena.

Quando sua pena vier, não se esqueça de agradecer!

Um Presente Especial

Penny Wigglesworth

Já ouvimos dizer várias vezes que as pessoas aparecem em nossas vidas por alguma razão. Também já escutamos que *não existem coincidências*. As duas declarações tornaram-se verdades para mim depois de ter conhecido Seth Bailey.

Como voluntária numa clínica para doentes graves, conheci Seth quando ele tinha dezesseis anos de idade. Aos três anos, ele recebeu o diagnóstico de leucemia, e, aos sete anos, submeteu-se a um transplante de medula. Como resultado da radiação e da quimioterapia, ele desenvolveu sérios problemas nos rins e nos pulmões. Sua mãe o levou ao renomado Hospital Infantil de Pittsburgh, na esperança de que ele fosse qualificado para um transplante de pulmão. Os médicos de Seth lhe disseram que, se ele ganhasse no mínimo sete quilos, tornar-se-ia um candidato ao transplante.

Não seria uma tarefa fácil; a doença o deixara muito abaixo do peso "normal" para sua idade. Quando voltou à clínica, Seth se sentiu deprimido e isolado.

Falávamos sobre esperanças e sonhos. Contei-lhe meu desejo de montar uma pequena empresa caseira e organizar oficinas para confeccionar "ursinhos", que iriam ao mundo das doenças graves, distribuindo mensagens de amor, compaixão e esperança.

Seth adorou a idéia e, com seu coração e alma, passou a me ajudar a desenvolver nossa empresa sem fins lucrativos. Ele nos auxiliou com o computador, e tinha uma idéia nova a cada minuto. Comparecia às oficinas três vezes por semana, onde costurávamos bonés e blusas para os ursinhos e púnhamos moedas com a mensagem "Em Deus Nós Confiamos" nos bolsos dos ursinhos. Nosso objetivo era encontrar lares para os ursos em hospitais infantis e abrigos para doentes em toda a nação.

Seth não mais se achava deprimido ou isolado. Havia encontrado um novo significado para sua vida. Havia descoberto um motivo para viver e começou a ganhar peso. Nós o elegemos vice-presidente da nova empresa e, logo depois, ele entrou na lista para transplantes de pulmão. Todos nós tínhamos esperança de que ele se recuperaria.

No entanto, pouco após seu décimo sétimo aniversário, Seth começou a enfraquecer. Foi internado no hospital. Meu lindo e corajoso amigo deixou esta vida, gentilmente aninhado nos braços da mãe.

Ela me telefonou para contar a triste notícia. Quando saí de casa naquela manhã, olhei para baixo e avistei, caída no chão, a mais linda pena. Nunca tinha visto uma pena daquele tipo e, no mesmo instante, eu *soube* que era um presente de Seth. As lágrimas rolavam quando peguei a pena, pois esta me lembraria para sempre daquela alma preciosa que eu tanto amava.

No dia seguinte, sua mãe veio a minha casa. Caminhamos pelo jardim, partilhando histórias sobre Seth e a maravilhosa contribuição que ele realizara nos últimos meses de sua vida. Contei-lhe sobre a pena. Enquanto andávamos, olhamos para baixo e vimos outra pena — igual à que eu encontrara no dia anterior, mas menor. Nós nos entreolhamos e sorrimos. Seth oferecia outro presente, dessa vez à mãe. Nunca tinha visto aquele tipo de pena, e jamais vi outra semelhante.

Cinco anos depois, minha pena ainda se encontra no bolso do primeiro ursinho. Ela me lembra Seth e seu riso, coragem, amor e alegria. Seth sempre estará em nossos corações, guiando-nos e nos enviando seu amor por meio dos ursinhos que distribuirmos.

•

Siga as Penas

Carolyn Elizabeth

Havia sido uma primavera difícil. Escapei de enchentes e chuvas torrenciais no Meio-Oeste, e rumei à Europa numa peregrinação para ver Mãe Meera, uma jovem índia venerada como a encarnação da Mãe Divina. Eu tinha planejado essa viagem durante dois anos e estava ansiosa para receber o *darshan*, a bênção especial de graça e luz, conferida aos seguidores de Mãe Meera por meio do poder de seu olhar.

Eu me hospedei numa pensão em Dornburg, Alemanha. Foi uma agradável caminhada à casa de Mãe Meera em Thalheim. À noite, a Mãe recebia buscadores do mundo inteiro; em silêncio, partilhávamos a admiração por sua luminosa presença. Durante o dia, eu tinha uma abundância de tempo livre para explorar os vilarejos ao redor e as florestas entre eles.

Na primeira semana, me familiarizei com as trilhas entre as árvores de Dornburg. Fiquei encantada com a natureza acessível daquela parte da Alemanha.

A caminho da casa de Mãe Meera, notei o denso aglomerado de árvores entre Dornburg e Thalheim, e reconheci a floresta que eu vira no livro de Andrew Harvey, *Hidden Journey* [Jornada Secreta]. Eu sabia que a Mãe apreciava caminhadas meditativas pela floresta, e considerava aquela mata como seu santuário particular. A floresta representava um solo sagrado e me senti compelida a entrar.

Logo descobri que as trilhas não eram tão demarcadas quanto as das outras florestas que conheci. Ao explorar o território desconhecido, vaguei pelo espaço verdejante e apreciei o silêncio e a solidão daquele belo santuário, perdendo a noção de tempo e direção.

Finalmente, percebi que era hora de voltar, caso contrário eu perderia o *darshan*. Olhei ao redor e não consegui encontrar a trilha pela qual eu passara. Preocupada, escolhi uma direção que não deu em lugar nenhum. Optei por outra, e outra, todas em vão.

Entrei em pânico!

Minha preocupação transformou-se em medo irracional: eu me perderia na escuridão para sempre. Não sabia que caminho tomar. Por fim, parei de procurar e sentei num tronco de árvore. Lágrimas começaram a rolar em meu rosto. Estava com frio, apavorada e sozinha. Não sabia o que fazer. Fechei os olhos e rezei por ajuda.

Em seguida, senti o calor do sol em meu corpo. A atmosfera era encantada e uma natureza mística se revelou. A luz penetrava entre as árvores e uma poderosa sensação de esperança me invadiu. Olhei para baixo e avistei uma pena a meus pés. Ao pegá-la, achei que devia caminhar.

A luz me direcionava enquanto as penas continuavam a aparecer no solo para encorajar meu trajeto. Cada vez que eu chegava a uma bifurcação, uma pena surgia para me indicar a escolha certa. O que era uma terrível experiência tornou-se uma divertida exploração. Eu me sentia como João e Maria à procura do caminho de casa.

Uma por uma, sete penas me guiaram para fora da floresta. Cada uma delas tinha sua própria beleza e particularidade e apontava o caminho de uma forma inconfundível. No *darshan* daquela noite, eu sabia que já havia recebido a graça de Deus no meio das árvores.

Voltei para casa com aquelas sete penas lindas. Elas continuam a me lembrar da Presença e das oferendas que podem ser encontradas, se eu estiver aberta para recebê-las.

•

Meu Nome Era Falcão Asa Dourada

Orazio J. Salati

Sempre tive uma certa afinidade por penas e uma identificação com as coisas dos índios americanos, embora eu tenha nascido na Itália. Quando eu e meus amigos de infância brincávamos de "caubóis e índios", eu sempre escolhia ser um índio — apesar de acabar "morto" pelos caubóis.

Depois que cheguei à América, minha fascinação por penas aumentou. Sempre que eu avistava penas, eu as pegava para apreciar suas cores, sua composição única. Quando comecei a pintar, adorava procurar penas em objetos velhos e danificados. Para mim, eram ainda mais interessantes se não fossem perfeitas. Pintei com partes de penas e incluí penas em algumas de minhas pinturas.

Um dia, um amigo, que caminhava pela floresta, encontrou uma pena de falcão e me deu de presente. Mais uma vez, senti uma sensação estranha, como se eu tivesse uma forte ligação com o falcão.

No final, descobri a razão de tais sensações. Por meio de regressão hipnótica, lembrei que eu fazia parte de uma tribo de índios americanos que havia sido massacrada. O nome dado a mim naquela vida era Falcão Asa Dourada. O falcão era um pássaro espiritual, e nossa tribo usava penas de falcão para fins ornamentais e espirituais.

Como um artista nesta vida, em cada tela que pinto há a imagem de uma pena. Ela é tão importante quanto minha assinatura. É minha ligação com Falcão Asa Dourada — minha lembrança pessoal de que as penas não são apenas belezas, mas têm o poder de falar através do tempo, do espaço e dos presentes de outros.

●

Alma de Pena

Jeanne Scoville

Cresci numa linda fazenda em Wisconsin. Meus pais tiveram uma profunda influência sobre mim em relação ao caráter sacro da natureza. Minha mãe, com freqüência, levava-nos à floresta para colher amoras ou nozes. Aprendi a montar em tenra idade e me sentia à vontade na mata. Era particularmente sensível às criaturas selvagens. Elas eram como uma família. Quando olho para trás, vejo que partilhávamos uma espécie de telepatia natural que permanece comigo até hoje. Representaram uma fonte de segurança quando precisei me centrar em meio à pressa da modernidade.

Já adulta, um lugar que me permite esse equilíbrio pessoal no mundo natural é o Wyoming. Faço peregrinações para lá sempre que posso. Certo ano, eu me senti fortemente inclinada a visitar a Devils Tower, uma montanha sagrada dos índios americanos a nordeste de Wyoming.

Meu companheiro e eu nos aproximamos da torre em estado de reverência, tal qual fazemos ao entrar numa catedral ou em outro local santo. Pedi uma bênção dos espíritos antes de adentrar a trilha que rodeava a Devils Tower e começar minha jornada reflexiva. •

Ao circundar a montanha, escutei um ruído no arbusto mais próximo. Investigando o som, enveredei por uma clareira, onde me deparei com um falcão matando um coelho. No mesmo instante, ouvi a seguinte mensagem do falcão: "Poderá entrar, se não julgar".

Meu coração aceitou e continuei a me aproximar. Escutei: "Prossiga por mais nove metros", então, "mais três metros", até que me vi a quatro metros do falcão e do coelho. Compreendi que havia um acordo entre eles acerca do que acontecia. Entrei num estado alterado de consciência e encarei os olhos do falcão por um tempo que me pareceu uma eternidade.

Senti o poder profundo e majestoso do falcão fluir através de mim. Então, escutei: "Deve ir agora. Quando se aproximar da trilha, haverá um presente meu para você".

Eu respeitosamente me virei e atravessei a clareira. Ao final, olhei para baixo e encontrei três penas do falcão a meus pés.

"São meus presentes para você", ouvi. "Ofereça uma das penas aos espíritos ancestrais deste lugar, outra a seu companheiro e a última para você. Agora vá!"

Honrei o pedido e passei o resto do dia em total beatitude.

Minha pena de falcão agora permanece no altar em meu quarto. É uma lembrança das bênçãos e ensinamentos que recebi de meu irmão falcão. Seu valor não tem preço; é o tesouro mais sagrado e um lembrete do Grande Mistério de toda a Criação.

•

Galgando as Penas
Maril Crabtree

Penas caem das asas

ou de dedos alados

roçando pensamentos

enquanto passam.

●

Uma Mensagem do Pena Branca

Debra Hooper

Vários anos atrás, uns amigos e eu comparecemos a um evento para observar uma artista paranormal demonstrar seu trabalho, o qual envolvia desenhar quadros de seres do mundo espiritual. Ela era capaz de "ver ao redor" de seus temas. Havia cerca de sessenta pessoas e Marie selecionou quatro ou cinco com as quais ela gostaria de se conectar. Por sorte, fui uma das escolhidas.

Ela havia desenhado alguns retratos de parentes já falecidos quando olhou para mim e disse:

— Há um guia com você. Ele é moreno e tem cabelos compridos... pode ser um chinês!

Marie começou a rascunhar em tons pastel o homem que descrevera e, minutos depois, entregou o desenho a mim. Lembro-me de ter pensado: "Ele não se parece com um chinês!". Naquela época, eu iniciava minha jornada espiritual e não fazia idéia do que eram guias e para que serviam. Levei o desenho para casa, guardei-o numa gaveta e o esqueci.

Três anos se passaram. Comecei a participar de um grupo espiritual de amigos. Enquanto explorávamos novas percepções de nossa jornada, o tema dos guias surgiu. Tentei me conectar com meu guia espiritual; embora o sentisse a meu redor, tive dificuldades de obter seu nome.

Ao longo dos meses, uma imagem começou a surgir, e tive certeza de que possuía um guia indígena. Eu o vi claramente, e, em seguida, vários membros do grupo também o viram, mas cada vez que perguntava seu nome, nada se revelava. Era muito frustrante.

Um ano depois, penas brancas começaram a aparecer onde quer que eu estivesse. Flutuavam em direção a meu carro quando eu dirigia. Eu as achava à porta de casa, no jardim, na garagem. Não sabia o que fazer com aquela invasão de penas até que numa noite, enquanto eu meditava, a imagem nítida de um livro aberto apareceu diante de mim e sobre a página flutuava (você entendeu!) uma pena branca.

No dia seguinte, não sei por que minha mente apagou os detalhes, mas me lembrei de que a pena havia escrito no livro o nome de meu guia. Anunciei o fato ao grupo, e eles me pediram para descrevê-lo. Tentei a duras penas fazê-lo, quando, de repente, lembrei-me do desenho. Corri à gaveta, onde eu o guardara anos atrás. Embora o retrato fosse a óleo e tivesse ficado no fundo da gaveta, ainda continuava perfeito em todos os sentidos — nenhuma dobra nem marcas amareladas. Eu não podia esperar melhor semelhança com o homem que eu tentava descrever.

A confirmação de seu nome veio mais tarde, quando fomos conhecer outra artista paranormal e sua amiga. Esta praticava psicografia. Ela me disse que havia um índio americano comigo e que ele usava uma única pena branca em sua touca. Entrou em profundo estado meditativo e começou a psicografar. Ainda tenho o papel. Ele diz: "Sou o Pena Branca. Amo você".

Desde então, tenho várias conversas com o Pena Branca. Ele é a pessoa que cuida de mim; trabalha muito comigo. Eu também o recebo de tempos em tempos, e ele oferece ensinamentos maravilhosos e fundamentais a todos nós.

Agora, toda vez que uma pena branca surge a minha frente, sorrio e digo "olá".

Meditação

ATRAINDO A ENERGIA DA PENA

As penas podem inspirar seu coração, iluminar sua casa ou seu trabalho e ajudá-lo a voar através do dia. Se você deseja mais desta energia em sua vida, experimente utilizar as penas das seguintes maneiras:

- *Aplicando os princípios* do feng shui. Se um relacionamento necessita de asas novas, coloque um buquê de penas nessa área; ou coloque penas em sua área de trabalho, caso sua carreira precise de um empurrão. A energia da pena pode ser usada em qualquer área ao criar novos inícios ou movimentos quando há estagnação.
- *Usando as penas para criar um foco.* Selecione sete penas, uma para cada dia da semana, e coloque-as em seu altar ou em qualquer lugar com energia espiritual. Em estado meditativo, pegue cada uma das penas e deixe que ela lhe "diga" que qualidade representa para você: amor, coragem, fortalecimento, compaixão, liberdade, entrega e assim por diante. A cada manhã, selecione a pena com a qualidade na que você mais precisa se concentrar naquele dia (ou deixe que ela escolha por você), e leve-a consigo ao longo do dia. Tal qual o sino que badala periodicamente nos monastérios budistas e centros de retiros para lembrar o momento presente, um olhar para a pena serve como um lembrete para retornar ao foco do dia.
- *Criando uma pena móbile.* As penas podem ajudá-lo a recordar uma lembrança querida ou podem ser a ligação com um lugar favorito. Se encontrar várias penas durante as férias ou num outro local especial, crie um móbile simples com palitos e fio de náilon. Pendure-o em um lugar no qual a brisa possa manter as penas em movimento ou no batente de uma porta, onde a entrada e a saída das pessoas serão suficientes para movimentar as penas.
- *Usando as penas como presentes.* Inclua penas em cartões ou cartas; guarde-as em cestas de vime ou em outro objeto natural;

grude uma pena na tampa de uma caixa de presente; assim, quando a tampa for aberta, a pena será a primeira coisa que a pessoa verá. Se pretende dar um livro de presente, uma pena pode ser um ótimo marcador de páginas. Carregue uma pena com você como um presente inesperado para alguém que você venha a encontrar durante o dia e que possa precisar de energia extra.

- *Ficando atento a outras possibilidades de penas.* Uma mulher tem a figura de uma pena impressa em seus cartões de visitas, porque ela queria algo que transmitisse uma imagem positiva às pessoas.

"Invariavelmente", ela diz, "as pessoas me perguntam o que significa a pena. Não tenho uma resposta pronta. Uso minha intuição para responder o que cada pessoa precisa ouvir acerca daquela pena. Com freqüência, a conversa acaba tendendo para um nível mais profundo.

•

Canção da Pena

Kenneth Ray Stubbs

Na Dança do Sol indígena, o tambor sempre representa um papel importante em cena. Várias pessoas o tocam, cantando juntas, enquanto batucam o ritmo de canções antigas. O tambor é o catalisador da dança, oferece uma batida específica e energética para que os dançarinos ergam as pernas mais alto a fim de se fundirem ao cervo, ao búfalo, à águia.

Durante uma recente Dança do Sol, observei a dança prosseguir, canção após canção, canto após canto, a cadência do tambor levando-me a um estado de transe. De repente, o tambor ficou em silêncio. Eu me vi escutando o vento em vez das batidas ritmadas.

Naquele silêncio, vi uma pena amarrada a um dos postes, girando, flutuando, dançando com o vento. Escutei a batida da pena — tão quieta comparada ao tambor e, no entanto, carregando sua poderosa mensagem, as energias, e cantando a canção do vento. Minha mente retornou à época em que eu via falcões suspensos entre as nuvens, completamente imóveis, exceto pelas poucas penas que dançavam ao vento. •

Naquele momento místico, observando a pena solitária flutuando no poste, pude sentir a voz do vento falando com a voz da pena. Senti o poder imenso e infalível dos espíritos dos anciãos fundindo-se ao silêncio e falando por meio da pena.

Soube, naquele instante, por que me fizera aprendiz de um xamã Cherokee para aprender a alinhar a "doce feitiçaria" a seus ensinamentos. Seu poder vasto transcende as eras, tal qual a pena e o vento revelam mensagens angelicais — uma mensagem eterna a todo aquele que a escutar.

•

Aprendendo com os Corvos

Greg Eric "Saltador" Hultman

Se os homens tivessem asas e penas pretas, poucos deles seriam espertos o bastante para ser corvos.

— Reverendo Henry Beecher Ward

Lá estava ela, uma pena preta acetinada e brilhante voando em direção à porta de nossa casa.

Embora adolescente, eu ainda era imaturo como uma criança. Recolhia tais tesouros para iniciar uma coleção imaginária de penas sem nenhum motivo real. Aquela manhã não foi uma exceção. Corri para dentro de casa e me enfiei em nosso porão úmido e obscuro. Segurando a pena na palma da mão, acendi a lâmpada do abajur. Peguei o pote numa prateleira, abri a tampa e coloquei meu novo tesouro com a mistura colorida que eu já havia colecionado: gaio, pardal, pintassilgo, faisão e outros.

Encontrar uma pena de corvo naquela manhã não foi uma ocorrência improvável. Continuar a encontrar uma pena de corvo todas as manhãs e no mesmo lugar foi. Parei de guardar penas de corvo após a décima ou a décima primeira corrida ao porão. Porém, elas apareciam regularmente, todas na mesma área.

Pouco depois de encontrar as penas, os corvos começaram a me acordar. A cada manhã, entre seis e seis e meia, eu escutava o estridente chamado. Mesmo durante os invernos mais rigorosos, os corvos mantinham-se fiéis à própria existência entre o que restava de vegetação de um parque escolar em frente a nossa casa. Os corvos moravam numa meia dúzia de árvores que alguém plantara, anos atrás, para o benefício das crianças.

Os corvos do parque tinham uma vida boa. Vasculhavam os sacos de lixo nas ruas à procura de restos de comida. Mas, de alguma forma, aqueles corvos me irritavam. Havia lido em algum lugar que eles às vezes se alimentavam de filhotes de pássaros em extinção. Eu morava no subúrbio e sempre explorava os campos e pradarias ao redor. Cresci conhecendo calhandras, azulões e outros habitantes de espaço aberto. Para mim, tais pássaros possuíam um *pedigree* mais valioso que o dos famigerados corvos.

No entanto, eu escutava os corvos... somente os corvos... quando acordava a cada manhã.

— Malditos corvos — eu resmungava em voz baixa, temendo que minha mãe pudesse escutar. Levantava-me e olhava para o parque. Lá estavam eles, tão pretos quanto carvão, pavoneando-se, voando, batendo as asas, empoleirando-se, brigando e, às vezes, gritando.

Eu me arrumava para ir à escola. Saía... e à porta encontrava outra pena. E sempre as achava praticamente no mesmo lugar.

Para piorar, os pássaros adquiriram uma nova mania, como se quisessem me provocar. Após dois anos, comecei a freqüentar o colegial. Eles me seguiam até a escola. Eu caminhava cerca de um quilômetro e meio por uma rota complicada devido às numerosas ruas curvas.

Em princípio, não notei; mas, com o passar das semanas, percebi que os corvos NÃO eram os mesmos pássaros que viviam naquelas ruas que eu percorria a caminho da escola. Aqueles eram os corvos estridentes que me acordavam todas as manhãs.

Depois das férias, quando voltei à escola para cursar o segundo colegial, os pássaros continuaram me seguindo como de hábito. Foi então que percebi que eles adoravam caçar grilos ou outro alimento artrópode no campo que eu costumava atravessar.

Eureca! Tinha de ser isso. A *resposta*! Satisfeito, esqueci o problema das penas e dos corvos. O mistério havia sido solucionado, pensei.

Após os feriados de fim de ano, retornei à escola numa manhã gélida, quando tudo em Chicago parecia congelar, até mesmo o vento. Enquanto fazia minha travessia matinal, notei que tinha companhia. Embora parecesse estranho, imaginei que os corvos eram vítimas do próprio hábito. Quando o inverno se intensificasse e os recursos alimentares se tornassem mais escassos, eu os veria menos, pensei. Janeiro passou, depois fevereiro e março. Os corvos eram incansáveis. Eles deixavam seus poleiros e me seguiam até o colégio todas as manhãs.

Procurei meu professor de biologia, o sr. Getzmacher, e contei-lhe o problema. Ele riu e disse que não podia ser verdade.

— O que há com você? Ficou louco? — ele dissera. Seria impossível estarem me seguindo e provavelmente não eram os mesmos corvos.

Minha autoconfiança desapareceu. Naquela época, questionar um professor era raro, e, se você o fizesse, o resto da classe seria penalizada. Portanto, deixei de lado a pesquisa científica.

Eu costumava brincar de vigiar um ou dois pássaros, o que não era difícil já que a ausência de folhas por causa do inverno me permitia vê-los moverem-se de árvore em árvore. Dois deles voavam à frente e pousavam. Outra dupla vinha atrás de mim, como guarda-costas. Às vezes, eles paravam para petiscar um arbusto ou espantar algum outro pássaro intrometido. Certa vez, assustaram uma coruja que repousava em seu galho. Acho que estavam brincando com ela, pois sabiam que se tratava de um inimigo mortal durante a noite.

No início da primavera, meu melhor amigo e eu realizamos uma jornada ritualística a uma reserva florestal nos limites da cidade. Durante semanas, planejamos aquele passeio ciclístico, levando binóculos para observar os pássaros, sanduíches e câmeras fotográficas. Até empacotamos gesso para registrar o formato de pegadas de animais. E, quando percorremos aqueles doze quilômetros, conseguimos finalmente nos livrar dos corvos, pedalando mais rápido que eles.

Tão logo chegamos à floresta, nós nos sentamos numa enorme pedra em campo aberto para comer os sanduíches. Então, aconteceu. Os corvos vieram. Voavam sobre nós, enquanto tentávamos espantá-los às gargalhadas. Tentamos fotografar as peripécias dos corvos, mas, ao revelar o filme, as fotos mostraram apenas pontos pretos no céu cinzento.

Meu ressentimento aumentava à medida que o ritual dos corvos continuava ao longo de meus anos no colegial. No outono do último ano, minha adorada bisavó morreu. A bisavó Nora havia nascido ao sul de Nebraska em 1884. Tivera uma vida longa e interessante. Ela adorava contar histórias familiares e tentara, em vão, encontrar alguém interessado na linhagem da família. Eu era o único que apreciava ouvi-la. Por conseqüência, ela partilhara inúmeras histórias comigo.

Sua filha, minha avó, vovó Fran, morava conosco na época e sofria de câncer. Logo após o funeral de minha bisavó, numa manhã, eu tomava o desjejum com vovó Fran. Fiz várias perguntas, sabendo que ela, em breve, iria partir também. Perguntei, então, por que a bisavó sempre evitara falar na herança indígena em nosso sangue. Nora sempre se referira aos índios americanos com muito respeito, dizendo que em mais de uma ocasião eles tinham salvo sua família da fome. Conhecendo as histórias familiares como eu conhecia, parecia estranho que não houvesse nenhum índio na família que afirmasse a linhagem.

Vovó Fran sorriu e, com sua voz melodiosa, disse:

— Mas havia... — E ela começou a me contar. Fiquei perplexo ao saber que seu pai, meu bisavô, fora da nação Pima e havia sido adotado pelos brancos. Por algum motivo, ele tivera olhos azuis, portanto, pôde "passar".

Nunca tinha ouvido falar dos Pima. Não era material dos filmes de Hollywood, como os Sioux, os Comanches e os Apaches.

— Quem era o povo Pima, vovó? — perguntei.

Ela me falou de fazendeiros que cultivavam algodão, feijão e milho no sudeste, onde meu bisavô nascera. Os Pimas haviam sido um povo pacífico, apesar do que sofreram nas mãos dos brancos. Ela também citou uma avó Cherokee e outros parentes mais afastados.

Fiquei atônito.

— Por que minha bisavó nunca me contou isso tudo? — perguntei.

— Porque acho que ela não queria que ninguém soubesse.

— Mas por quê?

— Não sei. Medo, talvez.

Eu ainda era jovem demais para entender o ódio pelos "índios" tão dominante entre os brancos.

Aquele foi um momento tão relevante em minha vida quanto descobrir de onde vêm os bebês ou que Papai Noel não existe. Muitas coisas ficaram claras naquela manhã: a touca pintada à mão e enfeitada de penas de águia que me fora dada na infância; os incríveis pés chatos que eu tinha. Enquanto crescia, eu era abordado por estranhos, criados próximo a reservas, que diziam coisas do tipo:

— Ei, tem certeza de que não é índio? Você anda como um.

E havia a estranha história da família de vovó Fran sendo expulsa de sua nova casa em Nebraska por revoltados. Um de meus tios lutara na II Guerra Mundial em Guadalcanal e fora apelidado de "Índio Bill". Tudo isso veio à tona e vários detalhes fizeram sentido. Minha avó faleceu um mês depois; nós a enterramos na noite de Natal. Chorei muito e por um longo tempo. Ela era um espírito especial e até hoje sinto saudades dela.

Depois disso, os corvos não mais me deixaram penas.

Eu logo fui pego pelo redemoinho da vida, com trabalho, esposas e filhos. Apesar de eu jamais ter esquecido os corvos e a conversa com minha avó, tais fatos permaneceram guardados num canto de minha mente. Anos atrás, após uma séria doença, voltei a pensar naqueles corvos.

Sentado numa cabana ao norte das montanhas da Geórgia, descobri por meio de um curandeiro que os corvos sabiam, antes de mim, quem eu era. Foi quando aprendi o significado dos corvos. Muitas tribos indígenas americanas acreditam que o corvo seja esperto e ardiloso, o que é verdade. Ávido por conhecimento, o corvo é um animal inteligente que voa até o Vazio e volta, sempre buscando respostas para o Mistério da Vida e da Morte.

Aqueles corvos deixavam uma pena por dia a fim de que eu nunca me esquecesse dos ancestrais, avós e avôs. Por meio do casamento entre raças e da assimilação, algo permanecera diferente no cerne de meu ser. Descobri que o

Corvo é e sempre foi um espírito guia para mim. Por causa disso, não mais temo o Vazio; é outra parada de minha pesquisa pessoal.

Hoje os corvos chegam a minha vida regularmente, quando querem me dar uma mensagem. Outro dia voltei de uma viagem às montanhas e a mulher que cuidou de minha casa, nesse ínterim, veio me cumprimentar. Jamais conversei sobre corvos com ela; nunca lhe falei de minhas origens. Nem sequer mencionei o que me acontecera na Geórgia — não houvera tempo.

Durante o desjejum, ela saiu na varanda e alinhou vários amendoins no parapeito. Minutos depois, um corvo pousou, em seguida, outro e outro. Ela voltou, sorridente e explicando que eles tinham começado a aparecer havia duas semanas. Após alguns dias, ela comprou amendoins sem sal e passou a alimentá-los.

— Adivinhe como eu os chamo?

Dei de ombros, sem fazer a menor idéia.

Ainda sorrindo, ela disse:

— Corvos Saltadores!

— Por que você os chama assim? — perguntei.

— Porque eles me disseram para fazer isso... — e voltou a seus afazeres.

•

Você Já Está no Caminho

Kellie Jo Dunlap

Às vezes, uma mudança é difícil de reconhecer, principalmente quando ela está embaixo de nosso nariz.

Depois de passar anos estudando contrabaixo e tocando em orquestras sinfônicas e concertos, eu me sentia frustrada. Adorava tocar, mas estava inquieta. Sentia que havia muito mais na vida e que tinha muito mais a aprender e fazer.

Uma amiga convidou-me para participar de uma oficina de estímulos a habilidades intuitivas por meio do campo energético que rodeia cada corpo. Era um assunto intrigante. Eu já havia começado a experimentar *flashes* de intuição e *insight* em meio à frustração. Às vezes, um "rumo" surgia do nada. Recentemente, "escutei" uma voz me dizendo que eu deveria explorar meu lado artístico e prestar atenção em meus sonhos. Pensei em fazer um apanhador de sonhos, o qual, de acordo com a lenda indígena, captura sonhos ruins, permitindo apenas que os sonhos bons passem. Mas a idéia permaneceu estagnada, tal qual a minha vida parecia estar.

Na oficina, o líder nos conduziu a uma longa meditação, seguida de um exercício de escrita, no qual fazíamos perguntas e escrevíamos qualquer resposta que viesse à mente. Fiz a pergunta que se tornara meu martírio: Que caminho eu deveria seguir em minha vida?

A "resposta" chegou no mesmo instante e eu a escrevi: "Você já está nele". Só isso, nenhuma grande revelação, nenhuma resposta específica. Ao final da meditação, quando o líder perguntou se alguém *não* havia recebido uma resposta, levantei a mão e contei-lhe o que havia recebido.

— Parece-me uma resposta — ele disse, sorrindo.

— Mas quero uma resposta *real* — queixei-me. — Algo claro e definido, do tipo: "Você poderia ser um engenheiro espacial". — Todos na sala riram e concordaram.

— Às vezes, o universo só lhe dá uma peça por vez — disse o líder. — O importante é que você reconheça que esta é, de fato, uma resposta, e uma resposta positiva a sua pergunta.

Na manhã seguinte, eu navegava pela Internet à procura de penas para o apanhador de sonhos que estava fazendo. Esbarrei num site chamado "Caminho da Pena" e, em seguida, descobri outro site de professores indígenas. Cliquei num botão que dizia: "Há três passos para o Caminho da Pena". Quando cliquei no terceiro passo, as palavras "Você já está nele" surgiram em letras garrafais. Senti um arrepio na nuca. Ali estavam as mesmas palavras produzidas por meu inconsciente — ou meus guias — ou o que me fizera escrevê-las na noite anterior.

À medida que eu ia lendo, entendi que me encontrava num processo de reinterpretar minha vida para incluir todos os aspectos de mim mesma e, mais precisamente, o domínio da intuição. Tinha apenas de colocar um pé adiante do outro para estar "no caminho" de meu eu intuitivo e espiritual.

Meu caminho espiritual, desde então, tem sido uma aventura. Tal qual ocorre com a maioria de nós, as penas parecem surgir em momentos apropriados. Quando fiz meu apanhador de sonhos, usei penas que colecionei ao longo do tempo. Cada uma veio até mim em momentos em que eu precisava de confirmação ou encorajamento para continuar o trabalho espiritual que fazia.

Logo após terminar meu apanhador de sonhos, sonhei que encontrava uma tonelada de penas de pato. No sonho, mandavam-me colocá-las em apanhadores de sonhos. Pouco tempo depois, eu dirigia numa rodovia e a minha frente havia um caminhão cuja insígnia assemelhava-se a um apanhador de sonhos. Sob a insígnia havia os dizeres: "Cubra o Mundo". Entendi no mesmo instante!

Comecei a fazer apanhadores de sonhos para os outros. Uma amiga comprou mais de uma dúzia para presentear parentes no Japão. Assim, de certa forma, eu "cobria o mundo" com maravilhosos lembretes visuais de que devemos prestar atenção a nossos sonhos.

O que começou como um instrumento para meu caminho espiritual expandiu-se para incluir muitos outros. Além de oficinas para fazer apanhadores de sonhos, estou profundamente envolvida com trabalhos curativos.

As penas ainda chegam a mim como uma garantia de que estou no caminho certo. A mais recente apareceu enquanto eu dirigia outra vez numa rodovia. Uma pena enorme caiu a minha frente do lindo céu azul. Eu teria parado para pegá-la se não fosse o choque e o fato de estar a cem quilômetros por hora, ainda "aturdida" por causa de uma cura que acontecera no dia anterior.

Não sou a primeira a dizer isso, mas me parece claro que as penas se conectam para nos mostrar o grande conhecimento que está muito próximo de nós. Elas se conectam ao Pai Céu e à Mãe Terra. Numa linguagem moderna, nós perdemos o *insight*, nossa ligação com o eu intuitivo. Se uma pena misteriosamente aparece num momento de iluminação, quando fazemos contato com esse eu adormecido, é uma poderosa lembrança de sabedoria de um tempo distante, quando conhecíamos nossas ligações com o ambiente e conosco.

Asas em Meus Pés

Pena Estelar

Minha relação com as penas começou antes que eu percebesse. Quando jovem, eu passava horas caminhando nas praias de Cape Cod, catando penas, conchas e pedras. As caminhadas e a busca faziam parte de meu processo de cura emocional. Eu tinha potes de vidro cheios de penas, as quais colecionei simplesmente porque adorava sua beleza.

Aos poucos, fui buscando minha trajetória para o Espírito por meio de meditação, ioga, caminhadas na praia e estudos metafísicos. Durante uma das aulas, explorávamos visualização dirigida como forma de receber orientação. Quando entrei em meditação, perguntei: "Qual é a função de minha vida?". Eu esperava obter sentenças claras em minha mente, porém, ao invés disso, obtive um filme. Vi um céu estrelado com quatro penas brancas encaminhando-se ao centro. Essas penas cintilantes estavam unidas por um cordão dourado. Tratava-se de uma poderosa imagem, rica em simbolismo, e que afirmava minha trajetória como artista espiritual.

Acredito que a proposta de "fazer arte" ou do processo criativo visa a cura, e uma obra finalizada é um lembrete desse processo. Vi as penas brancas de minha visão como uma pintura sagrada. Ao abrir uma pequena galeria, chamada Arte & Alma, montei uma oficina intitulada Pintando de Dentro para Fora, a fim de estimular as pessoas (inclusive eu) a expressar e curar seu interior. Pintávamos de acordo com a intuição, usando imagens que recebíamos de meditações dirigidas. Algumas de minhas pinturas possuíam um tema indígena, e as penas apareciam com freqüência em meu trabalho. A pena de águia, por exemplo, é um símbolo clássico do Espírito, pois ela tocou as nuvens e caiu na terra.

Porém, não havia águias em Cape Cod. A minha volta, os artistas pintavam gaivotas, dunas de areia e paisagens da baía de Cape Cod. Eu me preocupava cada vez menos com o aspecto comercial do trabalho artístico e cada vez mais em explorar essa arte interior: meditação, escrita automática e outras habilidades psíquicas. Meu foco estava mudando. Comecei a me questionar se fazia a coisa certa ou se perdia a noção da realidade.

Um dia, em minha confusão, decidi apelar ao Criador. Fui à praia e disse:

— Ei, estou no caminho certo ou não? Preciso de um sinal, algo que me dê certeza, algo que afirme minhas crenças.

Continuei a andar, mas não vi nem senti nada que se assemelhasse a um sinal. À beira do desespero, parei novamente e abri meus braços para o céu.

— É importante para mim — clamei em voz alta. — Por favor, mostre-me que está me ouvindo... que estou conectada. Ou que devo mudar meu caminho. — Angustiada, não vi nada. Não senti resposta.

Triste, olhei para baixo a fim de dar o primeiro passo para voltar. Nos meus pés havia um par de asas de gaivota, uma em cada pé. Era um sinal: asas em meus pés! De repente, senti-me verdadeiramente vista e reconhecida, como se o Espírito houvesse escrito um enorme *SIM* em minha lousa espiritual com aquelas asas de gaivota. O sinal me deu coragem para prosseguir minha trajetória, confiando no universo para amparar minhas escolhas.

Dois anos após a visão das quatro penas brancas no céu estrelado, encontrei o homem com o qual me casei. Uma semana depois de nos conhecermos, ele me apelidou de Pena Estelar. Senti um arrepio: eu não lhe dissera nada sobre a visão. Quando ele me chamou de Pena Estelar, foi como se falasse a minha alma como um mensageiro de meu nome espiritual.

A visão tornou-se ainda mais real quando uma mulher que eu mal conhecia presenteou-me com quatro penas brancas. Ela disse que caminhava numa ilha quando sentiu uma forte premonição de que "encontraria penas para Pena Estelar". Momentos depois, ela achou quatro penas brancas, as quais trouxe para mim. Fiz um leque especial com elas, o qual uso em meu trabalho curativo.

Mais de uma vez, as penas foram sinais importantes para mim. São uma maneira de receber a confirmação e o conhecimento de que o Espírito não é fruto de minha imaginação. As penas são uma manifestação física do Espírito que se liga a todos nós. Elas me ajudam a lembrar de que qualquer coisa é possível.

•

Meditação

VISÃO DA VIDA

Corvo Lamoreux-Dodd liderou essa meditação dirigida para um grupo de vinte pessoas. Escutamos histórias de penas e contamos as nossas. Sentamos em círculo, cada um com sua pena, e nos harmonizamos com os poderes do universo que nos rodeavam. A sala tornou-se carregada de energia.

Finalizamos a meditação com uma dança e um canto, enquanto Corvo tocava tambor:

> Escutamos o vento e o sonho
> Estamos no vento e cantamos
> Voamos ao vento
> com nossas asas
> com nossas asas
> com nossas asas

- Escolha uma pena de poder ou uma que tenha significado para você.
- Sossegado, feche os olhos e segure a pena com as duas mãos.
- Erga os braços e ponha a pena em seu primeiro chacra (abertura energética no centro de sua cabeça). Essa é a ligação com o divino. Nos olhos de sua mente, crie um vórtice branco e visualize-o surgindo desse chacra. Pergunte: "Qual é o caminho de meu mais alto bem?, ou diga: "Por favor, mostre-me o caminho de meu mais alto bem".
- Mova a pena para o chacra do terceiro olho (abertura energética no centro de sua testa) e crie um vórtice lilás. É sua ligação com o conhecimento espiritual. Mais uma vez, faça a pergunta ou repita o pedido.
- Mova a pena para o chacra da garganta (abertura energética na base de sua garganta) e crie um vórtice azul. Faça a mesma pergunta.
- Mova a pena para o chacra do coração (abertura energética no meio do peito) e crie um vórtice verde. Faça a pergunta de novo.

- Mova a pena para o terceiro chacra (abertura energética na área do plexo solar) e repita o exercício com a cor amarela.
- Mova a pena para o segundo chacra (abertura energética abaixo do umbigo) e repita com a cor laranja.
- Mova a pena para o primeiro chacra (abertura energética na região entre as pernas) e repita com a cor vermelha.
- Por fim, deslize a pena ao longo do corpo, visualizando o arco-íris de cores que criou, até que seus braços estejam acima da cabeça. Levante a pena, ainda acima da cabeça, esticando os braços em direção ao céu. Repita a pergunta mais uma vez e agradeça o universo pela resposta que virá.

Você pode fazer essa meditação sempre que precisar de direção ou confirmação de que está em seu caminho.

•

Parte Dois
O Poder das Penas: Mensagens de Cura e Transformação

•

Penas e Sonhos: Uma Entrevista com uma Analista Junguiana

Maril Crabtree

As penas em si são objetos concretos e tangíveis; são partes da asa de um pássaro, meticulosamente construídas para executar o que a natureza ditou. A despeito da cor, do tamanho e do formato, os componentes básicos de uma pena nunca mudam.

O que significam as penas, porém, *não* é tangível, embora seja mais ou menos definível, e sua simbologia pode mudar de uma circunstância para outra. O que as penas significam pode ser tão efêmero e intangível quanto um sonho.

Mas o mundo dos sonhos possui estrutura própria, uma geografia específica, um conjunto próprio de símbolos e significados. A interpretação dos sonhos existiu nos tempos bíblicos e na época dos oráculos gregos. No mundo contemporâneo, o trabalho de psicoterapeutas, como Sigmund Freud, Alfred Adler, Carl Jung e Erich Fromm, revelou os sonhos como uma abertura para a psique, expressões do inconsciente e valiosos guias para nossa vida desperta.

•

Quando me reuni com a psicoterapeuta junguiana Mary Dian Molton para discutir penas e sonhos, a conversa nos levou a esses domínios e muito mais. Tomamos chá e saboreamos fatias de laranja num aconchegante consultório, rodeadas por livros, tapetes orientais e uma mesa forrada de papéis. Fazia frio e nevava do lado de fora; o céu cinzento apagava qualquer evidência de pássaros naquele momento.

— Se alguém sonha com uma pena — ela diz —, eu poderia associar tal fato com o Espírito. As penas podem ser um símbolo daquilo que nos leva ao mundo imaginário ou ao mundo espiritual. Podem significar um meio para encontrar as fantasias desse alguém. Podem representar um sinal do que é criado, quase literalmente, do nada — ou seja, fora dos sistemas da psique pelos quais uma idéia adquiriu uma forma, um símbolo.

Mary Dian faz uma pausa e toma o chá.

— Não há nada no mundo das formas que não se origine na fantasia. Esta cadeira, esta xícara, este bule de chá — ela aponta —, nenhum deles existiu em forma física antes de ter existido em pensamento, em fantasia. Se as penas representam esse vôo da fantasia, essa conexão com o domínio da imaginação, então, você poderia dizer que, certa vez, existiu uma pena para uma xícara, uma pena para um bule, uma pena para tudo que você vê a nossa volta.

Enquanto assimilo tudo isso com uma fatia de laranja, ela continua:

— É a transformação em símbolo. Há o desejo arquetípico de voar, tal qual no mito de Ícaro. Os egípcios acreditavam que, na hora da morte, a alma era pesada numa balança em contraposição a uma pena, a pena representando a verdade. Os astecas reverenciavam Quetzalcoatl, a serpente emplumada como um poderoso símbolo de fertilidade e vida. Como vê — ela sorri, levando a xícara aos lábios —, a pena pode representar a transformação em ambas as extremidades do espectro.

Minha cabeça está girando — ou voando — num estado de total encantamento. Penso na famosa fênix, a ave da mitologia egípcia, consumida pelo fogo e renascida das cinzas: o pássaro da morte e da ressurreição que pode ser interpretado como um símbolo do renascimento espiritual. Penso nos deuses e nas deusas retratados, ao longo dos séculos, com penas ou asas ou como pássaros mágicos: Zeus transformando-se em cisne, anjos dançando na cabeça de um alfinete, e assim por diante. Sinto a confusão a que se referiu o sensitivo Edgar Cayce, que analisou e interpretou centenas de sonhos na primeira metade do século XX, quando sonhou com "penas voadoras".

Quando menciono a interpretação de Cayce a Mary Dian, ela concorda.

— Freqüentemente, quando sonhamos com vôos, significa que nossa espiritualidade está submersa, que nossa vida está praticamente "de pernas para o ar".

Conversamos sobre *As Três Penas*, o famoso conto dos Irmãos Grimm, no qual o velho rei, a fim de escolher seu sucessor, impôs aos três filhos a tarefa de encontrar o mais lindo dos tapetes. Para evitar disputas entre eles, o rei lançou três penas ao ar e pediu aos filhos que cada um seguisse uma delas. Os dois irmãos "mais espertos" observaram uma das penas voar para o leste e a outra para o oeste. A terceira flutuou um pouco e caiu na terra. Eles rapidamente dirigiram-se à esquerda e à direita, zombando do irmão "tolo", que ficaria com a terceira pena.

Mas aquela pena apontava para baixo, em direção a uma toca, onde o tolo encontrou a bênção que o fez ganhar o reinado. Segundo a análise de Mary Dian Molton, a solução não se daria pela lógica ou pela razão, mas sim pelas mãos do destino.

— Assim é a pena — ela diz. — Podemos pensar que o vento sopra as penas e o espírito. (...) o espírito que move as coisas ao redor da psique, que entende a idéia da plenitude do tempo, a parte da psique que é inarticulada, tola, lenta, distante do imediatismo racional. Esta é a solução mágica.

Resquícios de Forrest Gump.

— Lembra-se daquela pequena pena branca que flutuava ao redor do personagem, mostrando-lhe o caminho? — eu pergunto. — Ou teria sido apenas o "destino"?

— O *destino* é outro termo difícil de se definir e, para mim, está longe de ser simples — Mary Dian responde. — No pensamento junguiano, o destino pode ser entendido de várias formas. Uma delas seria simplesmente uma "função da sincronicidade".

Imagino a imutável mão da sincronicidade, erguendo o caldeirão de sonhos, mexendo a sopa da psique para ver que arquétipos estão cozinhando. Penas, asas e vôo estão entre os símbolos mais arcaicos que incitam nossa ânsia de nos conectarmos com o poderoso mundo aéreo, luminoso e espiritual, nosso desejo de "desatar os velhos laços da terra" e nos transformarmos em algo irreconhecível, exceto para o nível da alma ou para o que a alma simboliza.

No símbolo, afinal, encontra-se a transformação.

•

Espírito da Pena

Denise Linn

Durante minha vida, tive a oportunidade de conhecer certo número de culturas ao redor do mundo. Em algumas dessas culturas nativas, fui presenteada com um nome. Trata-se de uma honra e o nome me liga ao povo da tribo ou à cultura. Para o povo Zulu, sou chamada de Nogukini. Os Maoris neozelandeses chamam-me de Whetu-Marama-Ote-Rangi. Trinta anos atrás, ao estudar as tradições antigas do Havaí com um kahuna (xamã), recebi o nome havaiano de Maileonahunalani.

Gosto muito dos nomes que recebi ao longo dos anos; no entanto, eu tinha o desejo de receber um nome espiritual que refletisse minha verdadeira origem indígena. Rezei para que tal nome me fosse presenteado diretamente pelo Criador.

Numa tarde quente de verão, senti a súbita necessidade de andar na floresta que se estendia entre as montanhas Cascades, próximo à pequena colina onde morávamos. Eu já havia passeado pela floresta várias vezes, sempre encontrando mistério nas coisas mais comuns: o formato de uma folha caída sobre a terra ao sol do meio-dia; o som das criaturas invisíveis fazendo suas casas a meu redor; a abundância e a quase infinita variedade de arbustos, flores, mato, com todos vivendo em harmonia e cooperação.

Ao subir no topo de uma colina forrada de pinheiros, parei sob uma grande árvore e fechei os olhos. Havia tranqüilidade e paz. Nem sequer escutava o canto habitual dos pássaros ou o zunido dos insetos. Eu raramente experimentara tamanha quietude. Permaneci sentada durante horas, de olhos fechados, ciente da brisa suave que roçava meus cabelos, esperando um sinal do Espírito.

De repente, senti uma mudança no ar da floresta. Foi como se sutis ondulações de energia me penetrassem. Respirando fundo, lentamente abri os olhos. A poucos metros diante de mim, num galho, achava-se uma grande coruja. Ela estava tão perto que, se eu esticasse o braço, poderia acariciar suas penas. Ela não se movia, olhava diretamente para meus olhos. A floresta pareceu desaparecer, restando apenas aquele par de olhos enormes. Parecia que ambas respirávamos nossa essência. Então, com um piscar de olhos, a velha coruja ergueu as asas e silenciosamente adentrou a floresta.

Após alguns instantes, os sons da mata retornaram, como se nada houvesse acontecido. Eu me levantei devagar e aproximei-me do galho, onde a coruja pousara. Havia três penas brancas sobre ele. Eu as peguei e apreciei a textura macia e a incrível brancura. De súbito, ouvi uma voz interior, dizendo:

— Ponha as penas em sua bolsa de cura agora. — As palavras me espantaram. Eu possuía uma linda bolsa de pele de gamo, mas ela não estava comigo naquele dia. Mais uma vez, escutei a voz: — Ponha as penas em sua bolsa de cura.

O convite pareceu claro. Pediam-me que eu colocasse as penas dentro de meu corpo. Sem titubear, joguei as penas em minha boca e as engoli. À medida que sentia as penas descendo pela garganta, pude sentir meu espírito expandir. A voz interior continuou:

— O aspecto curativo da coruja segue com você. Trata-se do poder de ver a luz através da escuridão. Do mesmo jeito que inseriu as penas da coruja em seu corpo, o espírito da

Coruja penetrou em seu ser e estará sempre disponível para você.

Gradualmente, a visão desapareceu e a voz silenciou. Voltei à realidade da floresta, sentindo um misto de leveza, abertura, poder e força, que continua a me nutrir. E hoje, levo comigo meu Nome Espiritual de Pena Branca.

•

Professoras em Sonhos

Gina Ogden

As avós vieram até mim e disseram:
Somos muitas.
Nosso cabelo é branco como as penas
Nossa pele é lisa e brilhante como as rochas.
Viemos da bruma.
Somos a lua
Somos a luz
Somos o olho na pata do puma
a oração na asa da águia.

Nossas mãos são o fogo da terra
o arco-íris na rocha.
Nosso remédio é forte.
Nós a seguramos como um bebê.
Nós a alimentamos com o luminoso carvão da verdade.

Nossa canção é o pulsar do tambor
O rugido em seu coração.
Escute.
Nossas vozes correm como água sobre as rochas
a caminho do oceano.
Clamamos o rugido
em cada ser que se move.
Somos o sopro da vida

o vento no trigo
o sussurro no ouvido.
Em nossas línguas temos o pão da sabedoria.

Somos as avós.
Somos as estrelas
Somos a lua
Somos a bruma
Somos as pedras eretas.
Somos silenciosas como as penas.
Chegamos, de repente, na noite.
Não devemos nos mover.

●

Do Coração da Águia

Maril Crabtree

Don Alberto Taxo assemelha-se ao retrato de Jesus: esguio, pele cor de oliva, cabelos escuros e cacheados tal qual uma auréola natural. Ele usa roupas simples e sandálias, do jeito que as pessoas comuns do Equador se vestem. Mas a energia que emana de sua presença está longe de ser comum.

Ouvi dizer que esse homem curava com penas e quis conhecê-lo pessoalmente. Consegui marcar um encontro com ele, no fim da tarde, a fim de conversar sobre suas curas. Mas seu avião atrasou-se e Don Alberto chegou poucos minutos antes de iniciar a palestra.

Corri ao auditório. A maioria das cadeiras fora ocupada e havia um clima de expectativa no ar. Eu me encontrava nos fundos do imenso salão quando ele chegou. Não estava preparada para o poder que senti assim que aquele homem entrou. Senti-me ainda mais despreparada para o que aconteceu quando fui apresentada a ele.

Sua intérprete me apontou e Don Alberto aproximou-se, sorrindo. Estendi minha mão, mas ele segurou meus ombros e me abraçou. A força de algo que eu chamaria de "imensa compaixão" envolveu-me e me invadiu. Então, ele se virou e caminhou entre a multidão, deixando-me extasiada, como se eu tivesse passeado por um jardim forrado de flores e plantas exóticas.

Don Alberto falou para nós naquela noite como o líder espiritual de onze comunidades latino-americanas, indicado pelo Conselho Xamânico de Iachags (curadores, xamãs e videntes) dos Andes Equatorianos. Filho e neto de curadores xamãs, ele descobriu, em tenra idade, que seus dons seriam — embora ele jamais esperasse ser nomeado "A Força da Grande Luz" (o título oferecido a ele pelo Conselho) — a ponte entre a América do Sul e a do Norte para compartilhar antigas profecias e conhecimento curativo.

Suas palavras ao auditório foram simples:

— Quando a águia do norte puder voar com o condor do sul, o mundo será transformado. Águias e condores são aves de força e sabedoria, e juntos representam a mente e o coração do mundo. Há muito a aprender da união dos dois — Don Alberto dissera, por meio de sua intérprete.

Que estranho, pensei. Aquele homem, que não sabia falar inglês, que crescera numa cidade pobre e que ainda morava na mesma como curandeiro, fora escolhido para falar a respeito de transformação a uma platéia de norte-americanos sofisticados.

Pensei novamente em Jesus, seu nascimento numa manjedoura e sua vida humilde, os sinais de sabedoria precoce quando aos doze anos ele falava aos mais velhos do mesmo jeito que Don Alberto que, aos quinze anos, desafiara os xamãs experientes a liberar seus segredos antigos para o bem do planeta.

— Quando a luz do coração da águia resplandecer, ela iluminará o mundo — Don Alberto disse. — O coração sabe sentir. Permitam que seus corações liguem-se aos elementos da natureza — o ar, a água, a terra. Quando vocês *sentirem* a conexão, estarão próximos do Criador.

Lembrei-me das inúmeras vezes em que encontrei penas: sempre na natureza, sempre me trazendo o sentimento abençoado do mundo espiritual invisível que sei existir, porque, nesses momentos de conexão, *eu o sinto*.

— Permitam que cada lugar e cada momento sejam sagrados — ele continuou. — *Simplesmente sentiam*. Simplesmente permitam-se sentir.

Ele entoou canções xamânicas em sua língua nativa e convidou-nos a acompanhá-lo cantando ou murmurando quaisquer sons que nos viessem naquele momento.

— Não se concentrem nas palavras — ele disse. — É um convite ao coração. O coração de vocês sentirá as palavras e aprenderá o ritmo.

Durante os cinco minutos seguintes, preenchemos a sala com sons lindos, inspirados pela simplicidade de seu convite. Enquanto cada um cantava a partir do coração, de olhos fechados, os sons fundiam-se numa florescente harmonia, dando um novo significado à expressão *música das esferas*. Em seguida, ele pegou sua trouxa de penas e convidou nosso líder espiritual a receber uma cura "para o benefício de todos". O ministro se aproximou e Don Alberto direcionou as penas à aura energética que rodeava o corpo do ministro. Enquanto roçava as penas ao longo do corpo dele, Don Alberto cantava baixinho em sua língua nativa.

As penas subiram lentamente pela coluna do ministro, limpando e purificando. Então, ao parar diante do coração, Don Alberto cantou. Ele trabalhou nos dois lados do corpo de nosso líder e, finalmente, numa bênção, colocou as penas no topo da cabeça do ministro.

A energia do condor e da águia — mente e coração — fundiu-se e conectou-se ao corpo físico, assim como ao espírito. Naquele instante, senti a paz invadir meu corpo, uma inefável sensação de bem-estar interior. Lembrei-me de uma velha canção infantil, chamada *Cumprindo Promessas*. Cumprindo a prometida união entre coração e mente, senti-me renovada e abençoada por aquele compromisso global.

Ritual

CURANDO COM PENAS

Don Alberto Taxo

Don Alberto Taxo, por meio de sua intérprete, deu as seguintes instruções para utilizar as penas num ritual curativo. Ao usar as penas, você estará trazendo o elemento ar à cerimônia. Ao se conectar a esse elemento, você cria uma ligação em termos de sensibilidade com toda a natureza.

- Comece pedindo ao vento que passe a energia das penas à aura da pessoa que precisa de cura.
- Use a energia das penas para remover a energia negativa do corpo, roçando as penas da direita para a esquerda ou roçando-as da esquerda para a direita, quando quiser coletar energia positiva.
- Posicionando as penas em diferentes partes do corpo, você poderá dessa maneira afastar a energia negativa e restaurar a energia positiva.
- Use penas grandes e largas para ajudar a tirar a energia negativa e penas menores, estreitas e coloridas para trazer energia positiva para o corpo.
- Enquanto você acaricia suavemente a aura que rodeia o corpo, peça às penas que protejam e purifiquem o corpo com sua energia, para trazer harmonia e equilíbrio à aura.

O Poder da Águia

Bobby Rae Sullivan

Fui criada num rancho em Dakota do Sul. Minha mãe sempre conversava comigo a respeito da águia e de quão importante ela era para nosso povo, os Ogala Sioux. Se você visse, por exemplo, uma águia durante uma viagem, significaria que a jornada seria boa. Se a águia derrubasse uma pena, este seria o melhor instrumento de cura de todos e você poderia usá-la para ajudar a si e aos outros.

Durante minha vida, minha mãe ganhou três penas de águia. Ela as guardou, dizendo-me que, algum dia, haveria de usá-las por um motivo especial. Nunca dei muita importância, mas era um sinal impressionante ver uma pena caindo do céu justamente sobre o lugar onde estávamos, enquanto a águia voava. Minha mãe encontrou uma das três penas perto de onde as águias faziam seus ninhos, numa colina de nosso rancho.

A última veio até ela pouco depois de um amigo morrer repentinamente. Tínhamos acabado de voltar do enterro e vimos a pena no meio da estrada, em frente à porteira do pasto.

— Tenho certeza de que é uma mensagem dele — ela disse, sorrindo. — Quando éramos crianças e brincávamos de procurar corvos, cada vez que ele avistava uma águia dizia-me que um dia flutuaria nas alturas, olhando para todos aqui embaixo. Disse que jogaria uma pena para as pessoas que gostava e, para aqueles que não gostava, jogaria outra coisa!

Muitos anos se passaram. Casei-me e dei a minha mãe três netas. Minha primeira filha nasceu forte e saudável. A segunda teve alguns problemas, mas logo os superou. Minha caçula, Lisa, veio ao mundo saudável, porém, aos três anos, desenvolveu apoplexia devido a uma febre extremamente grave.

Enquanto as afecções continuavam ano após ano, eu consultava médicos para descobrir o que poderia ser feito. Nada parecia ajudar.

Quando Lisa completou sete anos, meu marido preparava-se para uma Dança do Sol. Pedi-lhe que incluísse Lisa em suas preces. Minha mãe entregou-lhe as três penas de águia que guardara todos aqueles anos.

— Sinto que este é o motivo pelo qual guardei essas penas — ela disse. — Por favor, leve-as e use-as enquanto estiver dançando e rezando por Lisa.

Pouco tempo depois, meu irmão me levou a um ritual, a chamada "tenda do suor". Durante a cerimônia, eu disse ao curandeiro que eu estava rezando por minha filha doente. Depois que a cerimônia terminou, ele me puxou de lado.

— Sua filha já está submetida a uma medicina poderosa por meio da Dança do Sol. O poder da águia está trabalhando por ela e trata-se de uma magia muito forte. Em seu oitavo inverno, a menina estará livre desse mal que afeta sua mente e corpo.

Fiquei chocada com tais palavras. Eu nada lhe dissera a respeito de minha mãe, das penas de águia, de meu marido ou da Dança do Sol da qual ele participara para o benefício de Lisa.

Quando minha filha comemorou seu oitavo aniversário, ela o fez sem a ajuda de medicações. Havia quatro meses que não mais sofria afecções. Lembrei-me de todas as histórias que minha mãe contara sobre a cura da águia e sobre como o poder desse animal é forte quando usado de maneira correta.

    Minha mãe não se surpreendeu com a novidade de que Lisa não mais sofria de apoplexia. Quando entregou as penas a meu marido, ela me disse, sentiu o poder da águia se transferir para ele.

•

Faróis da Noite

Eleanor K. Sommer

As corujas sempre resvalaram para minha psique como símbolos de mistério e sabedoria. Mesmo quando criança, eu adorava escutar os chamados das corujas que habitavam as florestas ao redor de nossa casa em Nova Jersey. Ainda hoje consigo visualizar os olhos imensos e as asas gigantescas, escuto o golpe de ar quando elas alçam vôo à procura de uma presa. Caçadores noturnos. Espectros da morte. Visionários precisos. A coruja vê o que outros não podem ver. A coruja nem sempre traz boas notícias, mas é um poderoso símbolo de transformação.

Minha morada na floresta terminou quando fui à Flórida estudar. As corujas apareciam para mim em raras ocasiões, quando visitava meus familiares, acampava ou quando visitava amigos que moravam em áreas menos populosas.

Somente ao me mudar para Naples, Flórida, elas voltaram a fazer parte de minha vida. Dois pinheiros próximos a nossa casa eram o lar de um casal de corujas, que, no mínimo, já residia ali muito antes de chegarmos. O chamado familiar e a presença etérea despertaram minha ligação com aquelas grandes aves predadoras.

Nossa vizinhança possuía um pequeno parque. Um carvalho, algumas palmeiras e os pinheiros compunham o poleiro perfeito para as corujas e uma linda vista para os moradores. Meu marido e eu sempre passeávamos pelo parque ao entardecer, escutando as corujas, enquanto estas se preparavam para a caçada noturna.

As caminhadas sempre nos relaxavam, especialmente quando nos víamos em conflito acerca de nos mudarmos para outra região da Flórida. Adorávamos Naples, mas a cidade tornava-se povoada e comercial demais. Ansiávamos pela "velha Flórida". Nosso passeios, então, tornaram-se discussões meditativas. Para onde iríamos? Devíamos ficar? Certa noite, fiz a pergunta às estrelas e abri meus braços para o céu. Naquele momento, um instante de entrega, uma das corujas voou sobre minha cabeça e senti sua cauda roçar meus cabelos.

— Eis sua resposta — meu marido exclamou.

De fato, foi uma resposta. Transformação. Uma mudança. Um sinal de que era hora de fazer algo novo.

Na manhã seguinte, meu *insight* se confirmou quando meu marido trouxe uma pena de coruja, que havia caído em frente a nossa casa.

— Acho que é para você — ele disse.

As amigas aladas quase fugiram por causa do ruído ensurdecedor da serra que cortou um dos pinheiros que elas chamavam de lar. Nossa vizinha rabugenta não gostava das pinhas que caíam em seu carro, riscando a pintura do automóvel. Eu havia sugerido que ela estacionasse o carro do outro lado da casa, mas a mulher preferiu derrubar a árvore.

Em nossa festa de despedida, uma amiga me trouxe um envelope cheio de penas de coruja que ela e o marido haviam encontrado num acampamento. Amarrei-as a minha primeira pena de coruja, junto com conchas e pedras marinhas de minhas praias favoritas em Naples: lembranças para eu levar comigo.

Adeus, corujas. Que o lar de vocês continue seguro.

Alugamos uma casa em Gainesville, uma comunidade no centro da Flórida, conhecida por suas árvores espetaculares e por seus quilômetros de terra virgem.

Procuramos um lote para comprar. Dirigimos e dirigimos, conseguimos nos perder em estradas de terra, fomos perseguidos por cachorros e tapeados por corretores. Encontramos um pedaço de terra e o compramos antes de passar uma noite no local. Quando enfim acampamos, fomos surpreendidos por um holofote que pertencia ao vizinho. A lâmpada do holofote iluminava nossos cinco acres, tal qual a Disneyworld, ofuscando as árvores e formando sombras bizarras. Os majestosos carvalhos que teriam bloqueado o brilho artificial encontravam-se longe demais para proteger o espaço da casa. Pior que o holofote era o silêncio da manhã.

— Você escutou? — perguntei a meu marido, ao acordar.
— O quê?
— Exato — eu disse. — Não há pássaros!

A combinação de luz e ausência de vida selvagem nos colocou na estrada novamente.

Enfim, descobrimos uma propriedade e obtivemos permissão de dormir uma noite no local *antes* de assinarmos qualquer documento. Aquele adorável lote de quatro acres com um pequeno riacho custava caro demais, mas alguns amigos interessaram-se em dividir o custo com o objetivo de restaurar e preservar aquela região. O lote achava-se próximo a centenas de acres de uma terra já preservada por duas comunidades, com regras restritas quanto ao corte de árvores e o desenvolvimento desenfreado; não esperávamos, portanto, nenhuma surpresa durante nossa primeira noite.

Depois que o sol se pôs atrás dos pinheiros, uma brisa suave soprou em campo aberto, onde imaginamos construir nossa casa. Pássaros e sapos e grilos compunham a canção noturna. Aquela terra estava viva!

Quando o manto escuro da noite cobriu as árvores, escutei aquele som tão familiar da coruja.

Pude sentir meu marido sorrir na escuridão.
— Você ouviu?
— Ouvi.

Mais de um ano depois, finalmente nos mudamos para nosso modesto chalé, felizes por fazer parte de uma comunidade que amava a natureza. Nossas amigas corujas logo descobriram que seus vizinhos desejavam proteger o hábitat.

No dia seguinte, aventurei-me numa manhã fria de dezembro. Inalei o perfume dos pinheiros e observei o ar sair de minha boca em forma de fumaça devido ao gelo do amanhecer.

Quando olhei para baixo, vi, a alguns centímetros de meus pés, uma pena. Uma pena de coruja. Eu me senti transformada, viva e pronta para uma nova aventura nas florestas.

Agora nós as ouvimos com freqüência, piando quando se preparam para jantar ou gritando ao declarar seu território. Vendo o que não vemos. Guiando-nos à transformação.

•

Um Espírito, uma Pena

Hazel Achor

Minha jornada espiritual com as penas começou muitos anos atrás na Califórnia. Cerca de quinze de nós nos encontrávamos semanalmente para explorar princípios espirituais, muito além do que havíamos aprendido em nossa criação religiosa. Nós nos chamávamos de "A Sociedade Ômega" e as reuniões ocorriam em nossas casas. À medida que os encontros aconteciam com o passar dos anos, todos nos tornamos muito amigos.

Então, um dos membros, Claude, sofreu um enfarte. Ele e a esposa, que podiam se comunicar em níveis psíquicos, combinaram que, quando morresse, Claude enviaria um símbolo de sua presença espiritual. Após três dias, a esposa e o melhor amigo, que também permanecera ao lado de Claude, viram seu espírito partir. A vida no plano físico havia terminado para ele.

Apesar de eu ter comparecido ao enterro, o primeiro encontro da Sociedade Ômega sem Claude pareceu-me incompleto. Prosseguimos, com esforço, a programação, mas enfim verbalizei o que acreditava que todos nós sentíamos.

— Não consigo parar de pensar em Claude — eu disse. — Sinto saudades dele. Queria que houvesse um jeito de ainda tê-lo conosco.

— Ele está conosco — sua esposa, Delores, disse com lágrimas nos olhos. — Talvez se meditarmos juntos, ele possa reunir-se a nós onde quer que esteja.

Em silêncio, fizemos um círculo e rezamos pelo espírito de Claude. Foi reconfortante darmos as mãos e nos concentrarmos em nosso velho amigo, desejando-lhe o bem. Permanecemos assim por alguns minutos e, então, cada um de nós disse uma oração em voz alta.

Quando terminamos, abrimos nossos olhos e olhamos para baixo. No centro do círculo, havia uma pena enorme, semelhante em tamanho e marcas à pena de uma águia ou de um falcão. Um olhar de surpresa e pura alegria iluminou o rosto de Delores.

— Esse é o símbolo que escolhemos antes de ele morrer... uma pena! — ela exclamou. — Toda vez que viajávamos, nós coletávamos penas. Claude disse que seu espírito me enviaria uma pena para me mostrar que ele estava bem.

Por mais cética que tivesse sido ao longo de minha jornada espiritual, naquela noite tornei-me uma "crente" no fato de que nossas almas sobrevivem para além do plano físico. Desde aquele dia, penas têm aparecido como um sinal de apoio quando passo por uma transição. Mas nunca mais esquecerei a pena que simplesmente se materializou. Se foi mandada pelo espírito de Claude ou pelo universo não importa; o importante é que ela representa um milagre da infinita interligação.

•

Jornada da Pena

Anna Belle Fore

Meu caminho com as penas começou durante uma meditação dirigida por Ernestine Cline, uma artista esotérica de Fort Myers, Flórida. Enquanto nos conduzia numa jornada interior, Ernestine sugeriu que nos imaginássemos recebendo uma dádiva de um sábio. Meu ser interior não hesitou; vi minha dádiva nitidamente: uma pena preta sobre um travesseiro branco.

No dia seguinte, durante minha meditação em casa, foi-me dada outra pena preta. Pouco tempo depois, recebi uma pena branca e uma vermelha. Qual seria o significado dessas dádivas simbólicas?, perguntei-me. Tal significado era um mistério para mim. Claro, eu gostava da beleza das penas, mas não sabia o que fazer com elas quando apareciam em minha meditação.

Nessa época, uma amiga querida e eu fomos à Califórnia para uma excursão de autodescoberta. Em nossa primeira parada, saí do carro e, a meus pés, jazia uma única pena preta. No dia seguinte, enquanto caminhávamos, uma pena branca surgiu em meu caminho. Passei a me dar conta da freqüência com que as penas apareciam para mim. Então, comecei a procurar uma pena vermelha!

Numa pequena comunidade da Califórnia, paramos para conhecer uma loja de artigos indígenas. Procurei uma pena vermelha, mas não encontrei nenhuma. Ao sair, perguntei à lojista se ela tinha outras penas. A mulher desapareceu no fundo da loja e voltou com um pequeno saco de penas vermelhas. Aquelas penas estavam na loja havia um bom tempo, ela dissera, mas por algum motivo não as colocara à venda. Claro, senti que estavam a minha espera! Essas penas confirmaram que minha recente decisão de desenvolver a capacidade curativa seria a vocação mais acertada.

Agora encontro penas com freqüência. Elas me fazem rir e sorrir. Cheguei a encontrar uma pena no toalete do local onde trabalho. Até então, eu estava um tanto insatisfeita no cargo de administradora de um centro de saúde, o qual incluía tirar o lixo do toalete todos os dias. Ao achar aquela pena, entendi a mensagem de que eu devia "suavizar" e ver beleza em tudo.

Cada vez que vejo uma pena, sei que ela representa um farol que ilumina meu caminho.

•

Uma Pena para Norma

Vickie Thompson

O mais provável é que o fogo da alma seja inflamado pelo círio do convívio e o vento da amizade nunca mude uma pena!

— Dickens, *A Velha Loja de Curiosidades*

Fazia muito calor em San Antonio e eu esperava, impacientemente, que o ar-condicionado fizesse sua parte, quando entrei na rua principal de nossa subdivisão. Ao me virar, vi um anúncio de venda de objetos usados. Eu nunca tinha ido a esse tipo de brechó, tampouco quisera, mas algo me fez parar diante da residência.

Caminhava pela calçada, perguntando-me por que resolvera olhar quinquilharias alheias, quando notei um carro com a placa de Oklahoma. Como tinha mudado meses atrás para o Texas vindo de Oklahoma, imaginei que, se não conseguisse um desconto, ao menos eu conheceria um conterrâneo. Eu pouco sabia quão profético seria aquele encontro.

Norma era uma mulher de certa forma atraente, com cabelos platinados, unhas imensas e cílios postiços. Deduzi que ela devia ter uns cinqüenta anos. Era alta, esguia, morena e agitava os braços e as mãos daquele jeito animado das pessoas que falam tanto com as mãos quanto com a boca.

Conversamos por apenas alguns minutos, mas foi o suficiente para descobrir que havíamos morado no mesmo bairro em Oklahoma City, que ambas éramos do Missouri e que eu precisava muito de assadeiras. Fui embora com os braços repletos de assadeiras de cinqüenta centavos cada. Naquela noite, depois do trabalho, voltei à rua. Dessa vez, foi só para conversar. Isso ocorreu há dez anos e ainda não esgotamos todos os assuntos.

Norma tornou-se minha melhor amiga. O trabalho me obrigou a mudar para Atlanta e, depois, Connecticut. Norma mudou-se para Las Vegas e, em seguida, Kansas City. Mantivemos contato por telefone e avião. No último outono, fiz minha primeira viagem a Kansas City, já que Norma tinha se mudado para lá. Ela estava numa casa nova e propus que fizéssemos uma "limpeza".

Limpezas são feitas para eliminar o indesejado, o mofo ou energias negativas, e também para ajudar as pessoas a construírem um vínculo especial com a casa. Se os ocupantes entram em harmonia com os padrões energéticos, o lar pode desenvolver um ambiente especial, o qual é notado por qualquer visitante. Muitas pessoas já fizeram comentários do tipo: "Não sei o que há em sua casa. Ela transmite muita paz".

Na casa nova de Norma, reunimos todo o material de que iríamos precisar: velas, óleos de proteção, incensos de salva e alecrim. Colocamos feijões crus numa lata para improvisar um chocalho. Começamos pelo interior da casa. Norma entrou em cada cômodo, usando o chocalho para romper a energia estagnada ao longo das paredes e nos cantos. Eu a seguia com um incenso a fim de purificar os quartos e espantar qualquer energia indesejada.

Na segunda parte da cerimônia, fomos para o exterior. Segundo minha crença, cada direção está ligada a um elemento: o norte é terra, o leste é ar, o sul é fogo e o oeste é água. Primeiro, invocamos os espíritos do norte para prover proteção. Fizemos o mesmo em cada direção, e Norma deixava um pequeno presente de agradecimento, algo que representasse o elemento simbólico daquela direção. No norte, ela ofereceu uma pedra e no leste, um incenso. Uma vela foi dada ao poderoso sul, e uma concha para as águas do oeste.

Em seguida, usando óleos essenciais, salpicamos símbolos protetores em cada porta e janela, mais uma vez pedindo proteção para a casa e seus habitantes. Além de Norma, a residência também era o lar de uma cadela chamada Tisha e de dois gatos persas, Júlio e Sinbad.

O passo seguinte foi envolver a residência num círculo de proteção. Circundei a casa três vezes com um bule de chá de salva fervente para purificá-la. Continuei a fazê-lo por mais três vezes, cantando para invocar a Deusa e criar um círculo energético em volta da construção (sabiamente, escolhemos realizar as cerimônias num domingo de manhã, antes que os vizinhos começassem a acordar!).

O ritual de proteção era uma parte importante para mim. Norma nunca percebeu quanto eu me preocupava com ela. Como ela sofria de pressão alta, durante anos temi que caísse na cozinha devido a um derrame ou enfarte. De forma irracional, meus medos nunca se referiam aos quartos, ou à sala, ou ao banheiro. Era a bendita cozinha que me perturbava.

O estágio final de uma bênção residencial envolve a ligação do proprietário com a energia da casa em si. Pedi a Norma que entrasse em cada cômodo, acendesse uma vela e "conversasse" com o cômodo. Ela diria ao local o que queria dele. Por exemplo, alguém pode pedir um sono reparador no quarto. Pessoas que possuem trabalhos estressantes podem pedir que a sala de estar seja um local tranqüilo e pacífico para a família.

Não sei o que Norma pediu nos cômodos. Só sei que, tão logo ela se retirou, peguei uma vela e fui à cozinha.

— Não ouse deixá-la morrer — ordenei.
Toda a cerimônia levou uma hora e meia. Suadas e exaustas, preparamos chá gelado e nos sentamos no pátio para recarregar nossas baterias. Logo depois, voltamos para dentro a fim de nos lavar. Após um banho longo e relaxante, enrolei uma toalha em meus cabelos, vesti um roupão e atravessei o corredor em direção a meu quarto.

Quando me aproximei do armário, algo chamou minha atenção. Sobre o estofado azul de uma cadeira, havia uma pequena pena branca. Ela estava elevada, a extremidade mal tocava o assento, como se houvesse flutuado e pousado sobre o tecido azul.

Em princípio, achei estranho. Então, entendi. Era uma mensagem. Os espíritos que convoquei para proteger Norma avisavam-me de que tudo ficaria bem. Agora eu poderia parar de me preocupar, pois ela estaria protegida.

Fui ao quarto de Norma e disse:
— Venha aqui. Quero lhe mostrar uma coisa.
Eu devia estar com uma expressão esquisita, porque Norma levantou-se, séria, e me seguiu. Indiquei a pena.
— De onde ela veio? — ela perguntou.
— Creio que veio do outro lado, acho que é um presente.
Norma nada dizia, enquanto observava a pena. Ela deduziu que eu a colocara ali e aguardava uma explicação.
— Não, Norma. Não coloquei essa pena na cadeira.
— Então, de onde ela veio? — ela indagou outra vez.
— Acho que é uma mensagem — eu respondi. — Creio que é uma maneira de eles me dizerem que funcionou, que eles nos ouviram.

Norma tentou racionalizar, mas foi em vão. Ela não tinha nenhum pássaro. As janelas estavam todas fechadas, e eu entrara e saíra do quarto o dia todo; portanto, seria fácil ter notado a pena.

Eu a observava à medida que ela percebia o que acontecera. Norma arregalou os olhos. Eu gostaria de lembrar o que dissemos exatamente, mas só me recordo do sentimento de exaltação e alegria. Norma montou um pequeno altar e colocou a pena nele.

Quatro meses depois, Norma teve um enfarte. Não sei se ela estava na cozinha; não perguntei. Tudo que sei é que o acordo se manteve. Ela estava protegida e obteve uma rápida recuperação após uma cirurgia que corrigiu um sério problema em seu coração.

Em algumas semanas, estarei voando para Kansas City a fim de visitar Norma. Conversaremos sem parar e iremos a brechós. Visitaremos os filhos dela e os netos, e continuaremos a conversar. Beberemos café e leremos o jornal no pátio pela manhã. Faremos tudo que velhas amigas fazem.

E naquele momento de paz, pouco antes do amanhecer,
Irei para fora e me comunicarei com Ela
   que está sempre à espreita.
Honrarei os espíritos dos elementos.
Oferecerei meu profundo agradecimento por continuar
   atenta.
E usarei penas em meus cabelos.

•

Ritual

UMA BÊNÇÃO RESIDENCIAL COM PENAS

Uma bênção pode ser realizada quando você se muda para uma casa nova ou sempre que sentir necessidade de limpar e purificar sua residência. Em minha casa, fazemos a bênção uma vez por ano, normalmente no equinócio de outono.

- Para sua bênção, você pode convidar amigos que tragam as próprias penas. Eles o acompanharão, fortalecendo e reforçando seus movimentos, enquanto você percorre os quartos e o perímetro da casa. Ou você pode pedir que cada um escolha um cômodo e conduza a bênção naquele espaço.
- Se tiver uma oração especial ou um feixe de penas, use-a na benção. Se não tiver, escolha a pena mais poderosa e passe algum tempo meditando com ela, invocando a necessidade de que ela o ajude a afastar energias negativas ou estagnadas e trazer novas energias e proteção.
- Agradeça a sua pena, caminhe ao redor do perímetro de cada cômodo, limpando com a pena. Dê atenção especial aos cantos, onde a energia estagnada pode acumular.
- Pare em cada porta e janela aberta, pedindo por proteção e bênção, e para que cada entrada seja reforçada com as energias do Espírito.
- Finalize a cerimônia percorrendo o perímetro externo da casa, parando em cada uma das quatro direções para honrar o ambiente natural e o que sustenta sua casa.

Você pode deixar pequenas penas em cada cômodo, como um meio prático de obter limpeza e renovação de energia quando quiser.

União de Energias

Toby Evans

A grande coruja tornou-se meu totem primário em minha primeira jornada xamânica ao mundo inferior. Fiquei fascinada ante o caráter medicinal da coruja, descrito por uma índia Chumash, cujo nome era Choqosh Auh-ho-oh, como "o transformador, aquele que vê a luz na escuridão". A coruja, ela disse, representa a morte do ego e da confusão de tudo que está fora de equilíbrio. Essa energia poderosa nem sempre é fácil de encontrar.

Àquela altura de minha vida, eu era co-diretora de um programa de educação juvenil da igreja, com uma mulher chamada Debbie. Estávamos envolvidas num grupo de percussão e nossos objetivos espirituais nos levaram a integrar os ensinamentos da Roda de Cura ao currículo juvenil da Unidade com Toda a Vida. Certa vez, desenvolvemos uma oficina para adultos e fomos convidadas a voltar a minha terra natal para apresentá-la.

Após uma hora de viagem, vimos um pássaro morto na estrada; foram suas asas que chamaram nossa atenção. Ao parar, fitamos os imensos olhos dourados de uma grande coruja. O corpo estava perfeito, e sabíamos que se tratava de um presente que ficaríamos honrados em aceitar.

Pedimos e recebemos a permissão da Coruja para remover as asas. Decidimos que cada uma de nós ficaria com uma asa. Aceitei secá-las e prepará-las quando voltássemos para casa. Durante o processo, escutei uma mensagem interior:

— As asas são um símbolo da parceria de vocês e do trabalho que realizam juntas. Quando esse trabalho estiver terminado, você terá de devolver as asas à terra.

Não gostei da mensagem. Eu já estava apegada a minha asa e mais apegada ainda a meu relacionamento com Debbie. Estávamos apenas no início e a idéia de um fim não me pareceu atraente. Guardei a mensagem no fundo de minha mente, feliz por esquecer que a escutara.

Durante os quatro anos seguintes, Debbie e eu continuamos a unir energias em sessões semanais para nosso programa educacional. Nossa sociedade expandiu-se a ponto de partilhar as oficinas de cura com professores e estudantes de escolas públicas. A Coruja parecia estar conosco, voando nas correntes de ar, levando-nos às áreas mais profundas do trabalho interior e exterior. Usávamos as asas a nossa maneira, incluindo sessões de cura e rituais pessoais. Mas, aos poucos, nossas vidas começaram a tomar rumos diferentes.

Eu estava inquieta, sentindo-me distante de minha terra e arte. Parecia que meu contrato cármico com a igreja havia acabado e eu estava pronta para partir. Nesse ínterim, a mãe de Debbie, Della, teve câncer, e Debbie passou os momentos finais ao lado dela. Concordei em permanecer no programa até que ela pudesse voltar. Não sabíamos que a morte de Della também significaria o fim da sociedade.

Após o falecimento de Della, ambas nos resignamos e Debbie assumiu os deveres da mãe. Levou o pai para casa e tornou-se sua constante enfermeira. Eu tinha cada vez menos contato com ela, embora nos encontrássemos no grupo de percussão. Não falávamos sobre a dissolução da sociedade, apesar das evidências.

Quando a coruja vinha até mim em jornadas xamânicas, eu montava em suas costas. Mas, às vezes, via-me sentada sob uma gigantesca abertura circular, observando o brilho das estrelas, e percebia que eu estava dentro dos olhos da coruja. Com freqüência, quando a jornada terminava, eu voltava ao tamanho normal e olhava para trás a fim de ver minha companheira girar sua cabeça e olhar diretamente para fitar minha alma. O brilho dourado de seus olhos transformava-se em azul e as penas tornavam-se brancas.

A imagem era semelhante a meu gato branco, que se chamava Arco-Íris. Eu acordava no meio da noite e o via empoleirado na cabeceira da cama. Sua pelagem branca tornava-se cinza, iluminada pelo luar quando ele ansiava sair. Nesses momentos, ele sempre representava uma coruja para mim.

Ao final do outono, Arco-Íris saiu para seu habitual passeio no quintal. Somente à noite percebi que ele não havia voltado. Ao chamá-lo, recebi como resposta o piado de uma coruja. Senti uma estranha sensação.

Na manhã seguinte, descobri o que a coruja havia relatado. Arco-Íris foi encontrado morto na rua, atropelado por um carro. Coloquei-o junto à área da Roda de Cura de nossa propriedade. Quando fui contar a Adam, meu filho de onze anos, ele ficou muito triste e pediu para faltar à aula. Garanti que juntos faríamos uma cerimônia para Arco-Íris, antes de enterrá-lo sob uma grande árvore.

Adam sentou-se no chão e chorou, apertando o corpo de Arco-Íris entre os braços, enquanto fui buscar minha sálvia, tabaco e a asa de coruja. Depois que terminamos o ritual, depositei o corpo do gato no buraco que havíamos cavado e, de repente, escutei as instruções em minha mente.

— Chegou o momento de enterrar sua asa. Coloque-a ao lado do gato. A sociedade entre vocês acabou e é hora de liberá-la.

Entendi a mensagem como o prenúncio de outra morte e tudo em mim resistia, apesar de eu saber que tinha de fazê-lo. Foi difícil dizer a Debbie que minha asa estava enterrada. Não cabia a mim insistir para que enterrasse a dela. Debbie conhecia as instruções e não estava preparada.

Vários anos se passaram e a vida de Debbie foi consumida pelas exigências familiares. A asa da coruja permanecia guardada num armário e nunca tinha sido usada. Enfim, ela decidiu vender a casa e mudar-se para outro Estado, mas não foi um processo fácil. Tudo parecia dar errado. Quando as coisas começavam a caminhar, algo acontecia.

Pouco antes do Dia das Mães, liguei para Debbie a fim de saber como ela estava. Seu pai havia se instalado numa casa de repouso. Ela me perguntou se era possível alguém adquirir o carma de outra pessoa, porque tinha a nítida sensação de que Della a acompanhara todo aquele tempo!

Após desligar o telefone, senti Della a meu lado. Ela me disse que, desde a morte, havia se ligado à energia de Debbie, devido à necessidade de finalizar algumas questões com o marido. Porém, Della me garantiu que Debbie consentira.

Lembrei-me de que, logo depois da morte de Della, Debbie contou-me um sonho, no qual Della lhe perguntava se podia ser ela. Debbie não entendeu. Então, Della explicou-lhe que seria o mesmo que usar as roupas da filha por algum tempo. Alheia ao significado daquele pedido, Debbie disse à mãe que a ajudaria. Em seguida, notei que Debbie havia ganhado peso e dores pelo corpo. Fisicamente, ela se parecia cada vez mais com Della.

Della agora indicava que o trabalho estava terminado e que podia liberar Debbie para que esta seguisse a própria vida. Ela não se encontrava presa entre os dois mundos, mas se apegara ao corpo de Debbie e sabia que precisaria de ajuda para separar-se da filha. Conversei com Debbie e concordamos em criar uma cerimônia para auxiliar Della. Meu lado racional não fazia idéia de como proceder, mas acreditava que as orientações surgiriam e que devíamos apenas segui-las.

As instruções que recebi consistiam em usar um objeto que pertencera a Della, sua canção favorita e também a asa da coruja que Debbie guardara. Eu tinha uma luva que fora de Della, que deixava em meu ateliê, junto com metros de fitas coloridas que ela certa vez usara para enfeites e costura.

No Dia das Mães, Debbie deitou-se no chão do ateliê, sob uma escada de madeira. Ela parecia estar deitada embaixo de um compasso gigante ou, uma tenda. No último degrau da escada, coloquei uma vela branca; sob ele, havia uma tigela de flores secas. Coloquei uma vela púrpura perto da cabeça de Debbie para alinhá-la com o Espírito, e uma vela verde aos pés dela, representando sua ligação com a Terra. No topo da escada, coloquei a luva e ajeitei a asa da coruja sobre ela.

Ao pegar as fitas, foram-me mostradas as áreas do corpo de Debbie às quais a energia espiritual de Della estava apegada. Amarrei uma cor em cada local — nos pulsos, tornozelos, cintura, peito, pescoço e testa. Para cada ponto, eu levava a fita ao céu, subindo a escada. Repeti o ritual várias vezes até que todos os locais tornaram-se ligados à asa da coruja que continuava no topo da escada. O efeito final ficou interessante.

Depois, inseri a canção favorita de Della no aparelho de som e comecei a coagi-la a sair do corpo de Debbie. Em princípio, nada aconteceu. Circulei Debbie, chamando guias e anjos e pedindo assistência à Coruja. Ela seria a carruagem de Della, levando-a ao outro mundo por meio do vôo.

Após alguns instantes, o espírito de Della saiu do corpo de Debbie, exclamando:

— Ruth, você tem de me ajudar!

Ruth era sua falecida irmã. Logo, ela apareceu, acompanhada de outros ajudantes. Observei-os segurar Della por todos os lados. Em conjunto, mostramos a Della que era hora de partir. Devagar, ela começou a retirar-se do plexo solar de Debbie. O espírito de Della seguia as fitas tal qual circuitos de sua própria energia vital. Della foi levada escada acima, degrau após degrau. O aroma das flores a fez parar e me dizer que eu tinha de colocar as flores na cabeça e nos pés de Debbie. Ela esperou que eu salpicasse as pétalas nas áreas antes de falar novamente.

— Preciso de um momento com a asa de coruja. — Minutos depois, ela continuou: — Agora corte as fitas. Está sendo mais difícil partir agora do que quando morri.

Aproximei-me de Debbie com uma tesoura e cortei cada fita sentindo que eu estava fortalecendo a passagem energética de volta para seu corpo. Cada fragmento de fita teve de ser removido e as aberturas foram seladas num nível etéreo. Simbolicamente, todos os circuitos de Della retornaram para ela, antes que me fosse permitido cuidar de Debbie.

O corpo lânguido de Debbie foi delicadamente envolvido por um lençol. Outro grupo de auxiliares apareceu para ajudá-la a se recuperar. Houve um momento de pura energia circulando dos pés à cabeça de Debbie. O objetivo era retirar qualquer resíduo de Della do plexo solar de Debbie. Quando o processo terminou, Debbie e eu embrulhamos a asa junto com as fitas e levamos tudo ao pólo Leste dos Quatro Portais Direcionais em minha Roda de Cura.

Coloquei a asa no buraco que havia preparado e nos despedimos de Della, libertando a verdadeira essência de seu espírito.

A longa passagem com a Coruja ensinou a mim e a Debbie os vários níveis da morte, guiando-nos através da escuridão que encontramos em nós mesmas e em outros ao avistar o sinal de nossa luz interior. Seremos para sempre gratas à Coruja, que se dividiu para unir nossas energias. Ao juntar suas asas, ficamos livres para seguir nossos caminhos separadamente, ligadas pela verdade de nossa plenitude.

●

Espírito Mensageiro

Will Davis

Alguns anos atrás, eu enfrentava um momento difícil em minha vida. Havia terminado um relacionamento importante, o qual eu pensara que acabaria em casamento. Desde então, vinha clamando por alguma orientação, mas ninguém parecia me ouvir.

Um dia, ao sair do trabalho, parei ao lado de meu carro, no estacionamento, a fim de esperar meu amigo, Sonny, que pegava carona comigo todos os dias. Eu o vi aproximar-se e, então, virei-me para entrar no carro.

De repente, avistei um enorme falcão voando no céu. Não prestei muita atenção, em princípio, até que o falcão virou em minha direção. Pouco antes de a ave me atingir — uns três metros — ela girou e voltou a subir. Nesse exato instante, uma pena de sua asa caiu entre meus pés.

Fitei a pena com uma sensação de espanto. Ela estava em perfeitas condições e tinha um lindo formato. Sonny correu até mim. Não conseguia conter a agitação.

— Você viu aquilo? Você viu aquilo? — ele repetia.

Ainda olhando a pena, eu repliquei:

— Foi surpreendente. O falcão veio diretamente a mim. Não sei se ele viu alguma coisa... Mas veja a pena que ele derrubou. É linda!

Peguei a pena, levei-a para casa e deixei-a sobre uma mesa. Mais tarde, naquela mesma noite, tentei entender como aquela pena milagrosamente viera até mim. "Talvez seja um sinal", pensei. "Rezarei com esta pena".

Depois de rezar, fiz um pequeno escudo com uma lasca de carvalho e amarrei a pena no centro dele.

No dia seguinte, comecei a me sentir melhor. Em poucas semanas, senti-me curado e pronto para seguir em frente. Então, conheci uma pessoa com quem partilhar a vida, alguém que estava interessado em seguir o mesmo caminho espiritual.

Ainda tenho o pequeno escudo com a pena no centro. Em algumas crenças indígenas, o falcão é considerado um mensageiro. Acredito que o Criador enviou-me uma mensagem naquele dia, avisando-me que tudo ficaria bem e que, apesar de estar vivendo um período ruim ou negativo, há também coisas boas a receber.

Quando não me sinto bem comigo mesmo ou em meu mundo, onde quer que eu esteja, visualizo aquele falcão voando e deixando uma pena para mim, e escuto novamente sua mensagem.

•

Apoderando-me de Meu Poder
Carol Rydell

Quando eu tinha quatro anos de idade, não me sentia feliz por estar neste mundo físico. Em minha confusão, tentei, diversas vezes, fugir de meu corpo e da família com a qual vivia.

Ao tentar fugir da confusão e da densidade, sofri três acidentes graves no mesmo ano. O terceiro quase tirou minha vida. Eu perseguia minha irmã caçula, como fazem os irmãos, quando ela me trancou para fora da casa. Comecei a bater na porta, gritando para que ela me deixasse entrar. Bati e bati em vão, até que, de repente, meu braço estourou o vidro ao lado do batente.

Foi um ferimento grave. Depois de levar mais de 250 pontos no braço e receber oito transfusões de sangue, fiquei algum tempo internada no setor infantil do hospital. Ao lado de meu leito, havia uma menina dois anos mais velha. As pessoas a visitavam sempre. Uma cascavel a tinha picado e ela estava muito doente.

Lembro-me de não ter medo de meu ferimento, mas sim do trauma que minha companheira de quarto estava vivendo. O medo e a preocupação dos familiares, médicos e enfermeiras me apavoravam. Aquela cobra me assustava. Só uma criatura horrível faria isso com a menina.

Passaram-se quarenta anos e eu ainda pensava naquela cobra. Senti que já era hora de resolver esse medo. Obviamente não era justificado.

Após anos de estudos espirituais, aprendi que a cobra era um símbolo de transmutação, do processo de morte e renascimento. Uma cobra troca a própria pele, transitando entre a vida e a morte, tal qual abandonamos nossas partes envelhecidas para nascer novamente, começar um novo ciclo de vida.

Ao refletir acerca de meu medo de cobra, percebi que eu temia repelir partes de mim mesma que não mais me serviam. Estava na hora de trocar de pele. Pouco depois de minhas reflexões, o universo graciosamente me presenteou com uma oportunidade.

Estava a caminho de uma consulta médica. Era um lindo dia de primavera. Eu adorava dirigir pelo parque para observar os gansos no lago e qualquer vida selvagem que pudesse surgir. Quando fiz uma curva, avistei uma cobra na beira da rua. Parecia morta. Tão logo a vi, soube que era para mim. Ansiosa, parei e olhei para ela, mas, mesmo sabendo que estava morta, fiquei apavorada.

— Leve a cobra para casa — escutei uma voz interior dizer. Não pude acreditar no que ouvia, mas era real.

— Isso é loucura — meu eu pragmático replicou. — Você não tem de recolher uma cobra morta que encontrou na rua.

Resolvi ir ao consultório médico a fim de não me atrasar para a consulta. Se a cobra fosse realmente minha, ela estaria a minha espera quando eu voltasse.

Assim que o médico saiu da sala de exame, eu pedi à assistente um par de luvas cirúrgicas, cuja caixa encontrava-se pendurada à parede.

— Claro, mas para que precisa delas? — ela perguntou.

— Estou trabalhando num projeto — respondi. — Só preciso de um par.

Ela me deixou pegar as luvas, agradeci-lhe e fui embora. Sentia-me ridícula.

Quando passei pelo parque outra vez, sabia que a cobra estaria a minha espera. Nunca pensei em fazer outro trajeto a fim de não enfrentar o dilema. Ao me aproximar da curva, lá estava ela. Continuava na mesma posição.

A cobra encontrava-se em ótimas condições. Nem sei como ela morrera, porque não havia nenhum ferimento aparente. Tal fato confirmou o sentimento de que eu devia levá-la para casa.

Saí do carro devagar, ainda receando que a cobra pudesse ressuscitar e me picar. Outros veículos passavam por mim, tentando adivinhar o que acontecia. Quando cheguei mais perto da cobra, ela pareceu ainda maior do que antes. Devia ter um metro de comprimento e era preta. Como eu a levaria para casa? Abri o porta-malas do carro, achei uma sacola de supermercado e coloquei as luvas cirúrgicas.

Não podia fazê-lo. Meu coração batia rápido demais, meus joelhos tremiam e minha respiração estava ofegante. Disse a mim mesma que eu tinha de fazê-lo. Estava na hora de enfrentar aquele medo de uma vez por todas. Novamente, vasculhei meu carro, procurando algo que pudesse me ajudar. Um taco de golfe — era a ferramenta que eu precisava.

"Agora está sendo mesmo ridícula", minha voz crítica ralhou. "O porta-malas está aberto; suas mãos estão cobertas por luvas cirúrgicas; você segura um taco de golfe e um saco plástico. O que as pessoas vão pensar?".

Não me importei. Pesquei a cobra com minha "ferramenta especial" e coloquei-a no saco. Então, guardei-a no porta-malas. Eu mal conseguia respirar.

Comecei a tremer, enquanto dirigia. Nunca me senti tão idiota. Ao chegar em casa, usei o taco de golfe para retirar o saco do porta-malas e levei-o até os fundos. Joguei a cobra em meu canteiro de flores e estiquei-a ao longo dos cristais brancos que bordejavam o canteiro. Quando me levantei para admirar meu presente do universo, ainda senti certo medo, mas também havia admiração, orgulho e realização.

Corri para a cozinha a fim de telefonar a uma amiga e contar-lhe a experiência. Dez minutos depois, voltei ao jardim e quase desmaiei. Próximo à cabeça da cobra havia um lindo gaio-azul com as asas abertas. Ele também estava morto.

Gaios-azuis sempre entravam em minha vida quando eu precisava reconhecer, honrar ou utilizar propriamente meu poder. A presença do pássaro era um sinal de que eu havia passado por uma poderosa experiência simbólica ao enfrentar meu medo.

Normalmente, eu pegaria as duas criaturas e as enterraria, mas me vi admirando ambas. O dia tornou-se noite, e eu ainda não as enterrara por meio de uma cerimônia.

Na manhã seguinte, o sol aqueceu-me quando saí para o deque. Eu me preparei emocional e espiritualmente para a cerimônia que não fizera no dia anterior. Olhei para o canteiro de flores. A cobra e o gaio haviam desaparecido.

Entrei em pânico. Senti culpa. Não realizara a cerimônia quando devia e, portanto, eles haviam sido tirados de mim. Procurei em todos os lugares: sob o deque, ao redor da casa, no jardim inteiro. Talvez meu gato ou outro animal os tivesse levado ao riacho que havia perto de minha propriedade. Após vasculhar os arredores do riacho, não encontrei a cobra e o gaio.

Resolvi fazer um enterro para eles, apesar de não tê-los mais comigo fisicamente. Agradeci os presentes e os ensinamentos. Ofereci água, tabaco e milho à Mãe Terra.

Logo cedo, na manhã seguinte, tive um sonho. Vi que a cobra estava embaixo do deque e pronta para voltar. Embora eu tivesse procurado naquele local, levantei-me, vesti uma roupa, fui à garagem e peguei o pedaço de madeira que havia usado no dia anterior para vasculhar embaixo do deque.

Ajoelhei-me ao lado do deque e comecei a cutucar. De repente, senti algo pesado. Puxei-o e avistei a cobra na extremidade do pedaço de madeira. Minha cobra havia voltado. Pensei em quão mágica era a vida.

Não perdi tempo com uma cerimônia. Meu guia instruiu-me para abrir uma vala na terra, acomodar a cobra e cobri-la com pedras. A Mãe Terra e suas criaturas cumpririam seu dever e, após dois ou três meses, eu removeria as vértebras da cobra para usá-las nas bijuterias e nos objetos de arte que eu criava. Mais uma vez, orei e ofereci tabaco, água e milho.

Era uma manhã gloriosa, e saí para minha caminhada diária. Sentia-me grata pelo que acontecera naquela manhã. Depois de andar por vinte minutos, entrei numa rua e, diante de mim, avistei uma pena de um gaio-azul. Abaixei-me e a peguei.

Ela possuía uma coloração magnífica, azul e preta, com detalhes brancos na ponta. No mesmo instante, escutei que ela viera como uma dádiva de *honra e reciprocidade*. Já que eu honrara o gaio sem sua forma física, ele me honrava com sua presença. Fiquei grata pelo presente e rezei em agradecimento, antes de retomar a caminhada.

Em seguida, no gramado a meu lado, vi outra pena de gaio. Peguei-a. Era tão linda quanto a primeira. Ela dizia que viera até mim como uma dádiva de *morte* e *renascimento*, um ciclo contínuo. Simbolicamente, eu havia experienciado tal ciclo quando escolhi enfrentar o medo da cobra.

Continuei a caminhar e encontrei outra pena. Enquanto a segurava, soube que era uma dádiva de *fé* e que eu não estivera sozinha durante o processo.

Outra pena apareceu; esta me trouxe a compreensão de que o *mundo etéreo é tão poderoso quanto o físico*. Havia realizado a cerimônia mesmo sem ter a cobra e o pássaro para enterrar. Eles sabiam que tinham sido honrados.

A cada cinco metros, uma pena aparecia para mim, cada uma trazendo uma mensagem única. A última pena representava uma dádiva por eu *apoderar-me de meu poder*. O velho medo não mais me dominava. Disseram-me que o mais importante a fazer no mundo é nos tornarmos aquilo que somos e que podemos ser.

Quando cheguei em casa, tinha vinte e duas penas ao todo. Meu pássaro sagrado havia retornado para mim, mas em outro formato. Levei as penas ao túmulo da cobra e joguei todas elas, menos uma, na terra.

Aquela única pena de gaio permanece respeitosamente em minha escrivaninha. Cada vez que a vejo, penso nos preciosos presentes que as penas podem oferecer. Enquanto continuo a crescer espiritual e emocionalmente, tornando-me repleta do que sou, tenho uma profunda compreensão de suas mensagens.

●

Uma Pequena Pena Branca

Cate M. Cummings

É outubro. Olho a carteira de motorista de meu pai. Seguro entre as mãos aquele pequeno documento e tento visualizar a dimensão da vida de um homem. Mantenho em mente, sentada na sala de espera do hospital com meu marido, que o homem, meu pai, ligado a cinco máquinas na UTI, merece mais consideração e respeito. Pelo jeito, este é meu infortúnio, porque não vou decretar a morte de meu pai.

Como tomar essa decisão? Os médicos querem a permissão de retirar o tubo de respiração da traqueotomia, o tubo de alimentação do estômago, o equipamento de diálise que mantém os rins funcionando... e assim por diante. A equipe do hospital, que desistiu de meu pai, está me pressionando para liberar espaço a quem tenha uma chance *real* de ser "curado".

É novembro. Às vezes, enquanto caminho pelos corredores do hospital, sinto-me num mundo surrealista — devaneando, se você preferir, ou presa num pesadelo. Todos os pisos do prédio são idênticos — distintos somente pelos botões do elevador que aperto em desespero.

Nessa manhã, mais uma vez, meu marido e eu caminhamos pelo corredor sem fim, em direção às portas da UTI, as quais nos servem de barreiras. Quando nos aproximamos da porta, noto algo no chão.

No corredor do hospital em frente às portas da UTI, nós nos abaixamos para pegar uma pequena pena branca que vemos no chão. Uma pena branca! Uma pena no ambiente esterilizado do hospital?

— Acho que é para você — meu marido diz, por impulso.

Intrigada, seguro a pena em minha mão e atravesso as portas. Quando olho para cima, percebo que não estamos no quarto andar, onde se encontra a UTI. Estamos no segundo andar. Juntos, lemos as letras impressas no vidro da porta — MATERNIDADE. É o lugar onde os bebês nascem, onde a esperança nasce, onde uma nova vida — uma nova vida! — vem à realidade.

Em meio aos pedidos insistentes dos parentes para eu desistir de meu pai, da recomendação dele próprio para que eu "não apelasse para medidas extraordinárias a fim de mantê-lo vivo" e da inexplicável falta de fé da equipe médica, permaneci resoluta. Insisti em mantê-lo vivo. Decidi lutar pela vida. Não se trata do clichê "vida", mas sim de uma expressão que não podemos nomear nem ver.

A dádiva da mente é uma enorme bênção que paira sobre nós; e, com o intuito de criar uma exaltação mental, acordamos, de repente, e percebemos que somos acolhidos pelas luvas de Deus, tal qual protegemos um pequeno pássaro ou suas penas em nossas mãos.

É dezembro. Em poucos dias, será o Natal. Meu pai está em casa comigo. MATERNIDADE!

•

Meditação

AS CORES DAS PENAS E O QUE ELAS SIGNIFICAM

Ao longo da história, as penas têm simbolizado diferentes coisas em diferentes culturas. No entanto, considere-se que muitas penas coloridas têm um significado universal.
Quando uma pena aparecer, repare em sua cor, sua forma, tamanho, tipo e origem. Abra-se para qualquer mensagem que possa vir até você.

- **Penas azuis** trazem paz, proteção, sensação de bem-estar. As penas do gaio-azul podem também alertar quanto a um problema iminente.
- **Penas pretas** são um símbolo de sabedoria mística advinda da iniciação espiritual. Também podem ser um aviso em relação a saúde debilitada, morte ou transição imediata.
- **Penas marrons** trazem estabilidade, dignidade e respeito.
- **Penas marrons com detalhes pretos** simbolizam equilíbrio entre o físico e o espiritual.
- **Penas verdes** são um símbolo de renovação, novas direções e crescimento.
- **Penas iridescentes (com reflexos de cores brilhantes)** simbolizam *insight* místico, completude, transcendência espiritual. As penas do pavão também são um alerta em relação ao falso orgulho.
- **Penas vermelhas** trazem vitalidade e saúde. As tribos da Polinésia e da América do Sul vêem as penas vermelhas como símbolos da terra, do sangue e da feminilidade. A realeza usava penas vermelhas em vestidos e capas; anéis de penas vermelhas foram utilizados como dinheiro. O grande deus asteca Quetzalcoatl, a "serpente emplumada", tinha o bico vermelho de um pássaro no lugar da boca.
- **Penas brancas** são símbolo de purificação, amor, inocência e vida nova.
- **Penas amarelas** simbolizam alegria, atenção mental, prosperidade, o sol e a masculinidade.

Espírito da Coruja
Raven Lamoreux-Dodd

As árvores de ciprestes se elevavam sobre as águas sujas como sentinelas, vigiando as brumas dos Everglades. A garça-azul caminhava cautelosa para não perturbar o jacaré. O longo bico vasculhava o pântano à procura de comida. Eu permanecia no barco, escutando, esperando e observando. Um pica-pau me assustou. A garça ergueu-se majestosamente; então, todos nós sossegamos de novo.

O entardecer oferecia um brilho especial à paisagem. Quando senti uma nova presença, virei-me para ver uma coruja sobrevoando o deque, em minha direção. Suas asas pareciam enormes, e perguntei-me como ela conseguia navegar na densa floresta tropical. Quando fiz menção de me abaixar, ela voou até um galho e parou para me contemplar. Fitei os profundos olhos cor de chocolate, repletos de compaixão. O êxtase em meu coração era quase insuportável. O amor nos olhos da coruja continha o universo inteiro. Eu queria conhecê-la e comunicar-lhe meu amor por ela.

Eu me senti honrada e profundamente grata. Inclinando-se em minha direção, ela começou a emitir sons. Respirei fundo para me acalmar. A mensagem transmitia apoio e afinidade. De repente, quando o barulho de outros humanos emergiu, ela olhou na direção deles, depois voltou-se para mim e embrenhou-se na mata sem um ruído.

Desde esse dia, as corujas têm sido uma presença espiritual constante em minha vida. A coruja sempre aparece quando estou prestes a trabalhar ou quando preciso de ajuda ou inspiração. Em qualquer país em que moro ou que visito, as corujas voam até mim ou aparecem para mim. Em nossa casa, na Inglaterra, as corujas nos chamam à noite ou de manhã.

Talvez a mensagem mais consistente que recebi da coruja tenha sido: "Confie em seu conhecimento interior". Essa mensagem surgiu na noite em que recebi um presente extraordinário de uma coruja.

Certa noite, quando saí da reserva indígena de Micossukee, a lua nova pouco encorajava meu trajeto. A rodovia parecia estreita demais na escuridão da noite. Minha mente vagava pelas experiências daquele dia, e eu me concentrava no caminhão à minha frente que me ajudava a dirigir. De repente, notei um movimento na lateral esquerda do caminhão, quase imperceptível devido aos faróis dos outros veículos. Era uma coruja, e ela voava baixo demais. Fiquei horrorizada quando ela colidiu com o caminhão e espatifou-se no acostamento. Diminuí a velocidade e parei. Ainda trêmula, esperei que um grupo de carros passasse antes de abrir a porta.

— Grande Espírito — evoquei —, por favor, ajude-me.
— Não achei uma lanterna no carro, mas encontrei minha manta asteca.

Com o auxílio dos faróis dos carros que passavam, percorri a longa distância que me separava da coruja. O tráfego desapareceu. Eu mal podia ver a faixa do acostamento e o nevoeiro aumentava. Continuei pedindo ajuda e tentei "enxergar" por meio de meus pés. Andei alguns metros e ouvi um pio. Parei e escutei. Era a coruja; seu lamento moribundo causou-me arrepios.

Quando outro carro passou, olhei para meus pés e avistei a coruja diante de mim. Pedi permissão para tocar a ave e cuidadosamente a movi para ver se ainda vivia. O pescoço estava quebrado. Acomodei-a na manta, conversando com seu espírito e pedindo ao Grande Espírito que cuidasse da ave. A coruja piou uma última vez. O que eu tinha de fazer?

Senti que devia levá-la para casa. Pressenti que receberia orientações ao longo do caminho. Ofereci tabaco e voltei ao carro. Sentia-me estranhamente feliz, temerosa e confiante ao mesmo tempo.

Enquanto dirigia, conversava com a coruja e acariciava sua cabeça. Uma vez em casa, perguntei-me o que fazia com aquela coruja e que direito eu tinha de tê-la tirado do pântano. Então, das profundezas, uma voz disse:

— Pode ficar com as asas, as garras e algumas penas da região do coração. Enterre o resto da coruja perto do local onde fará a cerimônia. Assim que completar tudo isso, saberá o que fazer.

Fiquei profundamente grata por essa oportunidade, embora não soubesse como proceder. Fiz um café, apaguei as luzes e me sentei com a coruja. Fitando o céu, comecei a me preparar para cuidar de seu belo corpo.

A brisa do golfo penetrou pelas janelas, impelindo-me a agir. Eu sabia que não teria muito tempo, se quisesse preservar as asas em posição de vôo. Possuía certa experiência em limpar perdizes após ter morado na região de Quebec. Apesar de ter comido as perdizes com respeito e de ter usado suas penas de modo honrado, aquilo parecia bem diferente. Era uma hora da manhã. Não queria acordar ninguém só para pedir conselhos; portanto, tinha de confiar no Espírito e em mim mesma.

Tomei um banho e fiz uma limpeza energética da coruja, do cômodo e de mim mesma com a fumaça de sálvia. Quando removi as asas, pedi perdão à coruja, caso eu fizesse algo que a desonrasse. Retirei a carne dos ossos com um bisturi. Tão logo as limpei da melhor maneira que pude, eu as abri, depois as prendi às grades do forno com pregadores de madeira e levei-as ao forno quente. Desliguei o forno e deixei a tampa aberta. Enquanto as asas secavam, peguei as garras e as penas do peito, e as embrulhei num pano vermelho para protegê-las.

Olhei para o relógio e notei, perplexa, que eram seis horas da manhã. Decidi ligar para um amigo de origem indígena e pedir-lhe um conselho de como retirar os resquícios de carne das asas. Sabia que a coruja era um curador poderoso e sentia-me responsável por honrar sua carcaça.

Ele sugeriu que eu pedisse ajuda às formigas. Se eu colocasse as asas num lugar onde somente as formigas pudessem alcançá-las, elas resolveriam o problema. Claro que eu teria de ficar atenta e barrar as formigas no momento certo.

Imaginando a reação dos vizinhos, caso eu pendurasse as asas na janela, disse que seria impossível! Por fim, coloquei as asas na varanda, já que as formigas eram pequenas demais para carregá-las pelos degraus.

Dois dias depois, meu amigo apareceu para me ajudar. Limpamos as asas e pedimos às formigas que fossem embora. Fiquei feliz ao ver que elas não pretendiam ficar. Enterrei a coruja num local sagrado, com oferendas de tabaco e milho, e pedi uma bênção do Grande Espírito e da coruja. Disseram-me que eu devia usar as asas para dançar.

— Dance para curar a si mesma e ajudar os outros. Dance pela jornada com a Coruja e veja através da escuridão. A Coruja estará sempre com você.

Sou profundamente grata pelos presentes da Coruja do Espírito. Cada vez que danço com as lindas asas da coruja, lembro-me da mensagem de "confie em seu conhecimento interior", enquanto continuo minha jornada curativa.

Penas e Bonecas

Vicki Wagoner

Durante minha infância, permeada de abusos, eu adotara duas bonecas. Apeguei-me a elas num esforço de fingir que minha infância era "normal". Uma das bonecas era de pano e em seu rosto havia a pintura de um belo sorriso. A outra era de plástico, com uma expressão solene nos olhos e uma boquinha rosada. Eu as achava as bonecas mais lindas do mundo.

Um dia, anos depois, enquanto arrumava meu armário, eu as encontrei. Resolvi que era hora de deixá-las partir, mas não queria jogá-las no lixo. Eram parte de mim, pertenciam a minha infância, por pior que ela tivesse sido.

Percebi que tinha de enterrá-las, mas não sabia onde. Guardei-as em meu carro, junto com uma pequena pá, sabendo que um dia eu receberia uma orientação.

Várias semanas se passaram. Num final de semana, fui a um parque à beira da praia. Fazia anos que eu não ia àquele parque, porém senti que era a hora e o lugar para completar minha missão.

Recolhi as bonecas, enrolei-as numa toalha, peguei a pá e caminhei até a praia. Não sabia onde iria enterrá-las, mas tinha certeza de que seria guiada. Andei por algum tempo, então parei, sentei-me na areia e comecei a cavar. Ao inserir a pá na areia, avistei uma pequena pena branca — a confirmação de que aquele era o lugar. Guardei o presente, sorri, disse uma prece em agradecimento e continuei a cavar.

Fiz um buraco pequeno, apenas o suficiente para conter as bonecas. Coloquei uma concha nas mãos delas. Perdoei meu passado, despedi-me e agradeci a Deus e aos anjos por me dar forças para fazer aquilo. Depois de tapar o buraco com areia, rezei mais uma vez.

Decidi nadar no golfo para me purificar com água salgada. Enquanto caminhava em direção ao mar, olhei para baixo; a meus pés jazia uma enorme pena bege. Peguei-a, entoei outra prece de agradecimento, guardei-a junto com a pena branca e dirigi-me à água. Submergi todo o meu eu na água do mar, liberando velhas feridas, pedindo purificação e luz.

De repente, vi pássaros voando e pousando na água a meu redor. Senti-me protegida e amada. Parecia que os anjos vinham até mim na forma de pássaros!

Emergi da água, sequei-me e comecei a deixar a praia quando percebi uma pena marrom a meus pés. Dessa vez, ri a valer e, enfim, as lágrimas surgiram, lágrimas de alívio e satisfação porque uma outra parte de meu passado fora curada.

•

Penas Dançarinas

Cervo Hesitante

Durante anos sonhei com penas. Elas surgiam em meus sonhos como um instrumento de orientação espiritual. As penas listradas apareceram primeiro. Em outro sonho, vi dois espíritos ancestrais com buquês de penas azuis em suas mãos e atravessando meu gramado após a chuva da primavera.

Um sonho continuava a se repetir. Nele, eu era um piloto e me dirigia ao portão do aeroporto. Eu via várias penas pretas, que recolhia e punha em minha valise. Eu dizia: — Esta quebrou... mas talvez ainda seja útil. — Colhia todas as penas, as quebradas e as inteiras, e as guardava na valise.

Estava na hora de descobrir o significado do sonho. Fui a Bear Butte, em Dakota do Sul, com dois amigos. Nós nos reunimos numa área sagrada, conhecida e respeitada por todas as tribos, e começamos uma busca da visão, uma prática que consiste em meditar isoladamente, para obter uma resposta. Cada um de nós tomou um caminho diferente nos flancos rochosos para que o Grande Espírito falasse a nós. Encontrei um lugar escondido entre as árvores.

Eu havia levado uma manta porque esperava que a temperatura baixasse. Mas não imaginei uma mudança tão rigorosa. Durante a busca, experienciei todos os tipos de clima, menos a neve. A chuva começou a cair, depois transformou-se em granizo. Eu me encolhia para me aquecer, mas, por vezes, tornava-me entorpecido pelo frio. Então, vi um velho índio, o mesmo que aparecera para mim em sonhos e visões.

— Acorde ou irá morrer — ele disse.

Eu imediatamente abri os olhos, mas não conseguia parar de tremer. Achei que iria morrer congelado. Então, a voz de uma mulher gentilmente pediu-me para cantar.

— Você deve estar brincando — protestei. Mas a voz insistiu e, então, comecei a cantar. No mesmo instante, senti meu corpo se aquecer e soube que superaria a jornada sem congelar.

Sete dias depois, tive outro sonho. Eu estava numa torre de pedra com um amigo, olhando pela janela. A torre se erguia acima do mundo inteiro, e eu observava o que acontecia lá embaixo. Era um lindo dia de primavera e eu podia ver a terra florescer. Eu usava apenas um tecido de couro amarrado à cintura.

Virei para meu amigo e disse:

— Está na hora de descer. — Coloquei uma touca repleta de penas pretas na cabeça. As penas, eu notei, eram aquelas que eu coletara no sonho anterior, e estavam presas a uma faixa vermelha. Depois de pôr a touca, comecei a dançar.

Então, no sonho, meu avô (que é de origem Cherokee) veio até mim e mostrou-me um arco de pedra e uma roda de cura também de pedra. No centro, havia uma fonte. Ele me disse que eu tinha de recriar aquela visão e compor um ritual semelhante à Dança do Sol. Esta seria chamada de a Dança da Pedra.

Entendi, finalmente, o sonho das penas pretas. Para mim, o preto é a cor do norte, a direção do inverno. Todas as minhas ligações espirituais começam no norte. Meu mês de nascimento é dezembro; meu nascimento espiritual aconteceu no norte, no território Saskatchewan. O norte é o lugar da sabedoria, da visão e do conhecimento interiores. É um lugar sem preconceitos, o lugar onde você perdoa a si mesmo e aos outros, e vive apenas o presente. É também o símbolo do feminino, a escuridão, a volta ao útero.

O sonho me ofereceu o tempo necessário para despertar meu poder curador, consagrando-me com a energia vermelha (sul, masculino) e a energia preta (norte, feminino).

Ano passado, conduzi a nona Dança da Pedra numa área florestal sagrada, dedicada a essa proposta a cada primavera. Todos os anos, ensino àqueles que querem dançar como receber a energia sagrada do Criador que os fortalecerá para o próximo passo de suas jornadas.

A visão onírica da dança das penas pretas havia sido realizada.

•

A Terra É uma Mãe Perfeita

Rod Skenandore, "Chefe Alce"

> Quando todas as árvores pegam fogo e morrem e apenas os tocos permanecem,
> Saímos de nossas tocas e começamos a rezar pela chuva.
> A chuva irá alimentar os leitos dos rios e fazer os brotos crescerem
> E plantaremos as sementes que a águia traz e voltaremos a rezar pela volta da neve.
> E rezaremos pela volta do papo-roxo, do alce, da cobra, do pombo,
> E rezaremos pela volta da calhandra, aquela que traz amor.
>
> — trecho extraído de *A Terra É uma Mãe Perfeita*, de Rod Skenandore, "Chefe Alce"

Como membro da tribo Oneida/Pés Pretos e líder espiritual e curador de longa data, sei que as penas são instrumentos sagrados. Elas expressam nossa intenção. São um dos meios pelo qual o Espírito fala àqueles que escutam. Como atestaram as profecias antigas, é hora de abrir as portas entre os povos, entre os mundos, e deixar que a terra seja curada.

Quando peço uma conexão com o Espírito, uma águia aparece. As penas da águia têm caído do céu para mim. Quando minha mulher estava grávida de nossa filha, fomos às montanhas de Wyoming e cruzamos com um grupo de cavalos malhados. Paramos para admirá-los. Então, peguei meu leque de penas de águia no carro e comecei a abaná-los, abençoando-os pelo trabalho. De repente, uma águia surgiu acima de nós. Observamos a ave enquanto esta circulava o céu e derrubava uma pena. Consegui agarrá-la. Era uma pena pequena, representando a criança que em breve teríamos, e também era uma mensagem do Espírito, dizendo que tudo correria bem durante o parto.

Levei minhas penas ao tribunal a fim de ajudar a defender o direito dos índios americanos a realizar a Dança do Sol como uma cerimônia religiosa. Processamos o governo federal por perseguição religiosa. Esse caso acabou resultando na Lei de Liberdade Religiosa dos Índios Norte-Americanos.

Usei minha pena de águia no tribunal de Omaha, Nebraska, onde dois companheiros meus — membros do Movimento Indígena Americano que fundamos para defender os direitos civis e políticos dos índios — enfrentavam um julgamento por matar agentes do FBI na Reserva de Pine Ridge. Eu observei em silêncio, enquanto o chefe da CIA admitia que havia mentido a respeito da prova. Quando saí do tribunal, repórteres me perguntaram como avaliava o desenrolar do julgamento.

— Estará terminado em dois dias — repliquei. Dada a gravidade do caso, o julgamento poderia durar semanas. Portanto, minha premonição parecia espantosa. Mas os sinais do Espírito eram claros.

Dirigi até os limites da cidade. Quando cheguei ao local certo, saí, levando meu tabaco e minha pena de águia. Orei e realizei uma cerimônia para meus irmãos capturados. Nesse estado alterado, tive uma visão: um punhado de penas de águia estava empilhado nos pratos da balança da justiça, cravada à entrada do tribunal de Omaha. Eles estavam igualmente equilibrados. Mentalmente, coloquei minha pena de águia num prato que chamei de prato da "verdade". Esse prato baixou, elevando o do outro lado. Dois dias depois, como eu previra, meus companheiros foram liberados.

As situações mais desesperadoras podem ser resolvidas com o poder curador da pena. Com rezas, cerimônia e a pena para expressar a intenção do xamã, qualquer desejo pode acontecer. Um exemplo é a cerimônia Uwipi, um ritual sagrado da tradição Lakota Sioux.

Um altar é criado com os símbolos das quatro direções e uma pessoa é amarrada pelos membros. Uma manta cobre completamente o corpo do xamã. As luzes se apagam e a cerimônia começa. Somente o Espírito pode desamarrar o homem sob a manta. Somente o Espírito tem o poder de soltar os nós e nos libertar dos problemas que criamos para nós mesmos.

Em certa ocasião, durante ume cerimônia Uwipi, nós nos reunimos numa sala espaçosa. Cobrimos as janelas com cobertores para escurecer ainda mais o ambiente. Os outros sentaram-se em círculo. Cantaram e bateram os tambores, à espera da energia espiritual. Eu aguardava sob a manta, meus braços e pernas estavam amarrados. A escuridão era sufocante.

De repente, escutei canções antigas de cura e meus membros começaram a se soltar, até que pude movê-los livremente. A minha frente, surgiram as almas dos sete anciãos, sentados em semicírculo a meu redor. Sentei com eles, absorvendo seu poder e energia.

Eles cintilavam. No altar atrás deles, havia uma pena de águia numa roda, a qual fora feita por Crow Dog. Observei a pena quando esta se ergueu sozinha, rodeando a luz, e atravessou a sala em minha direção, com sua energia brilhante.

Lágrimas rolaram em meu rosto. Ao esticar a mão, a pena flutuou e caiu em minha palma. Então, escutei um ruído repentino, como uma explosão, e todos os cobertores caíram das janelas. Corri à janela mais próxima e olhei para fora. Uma águia voava, embora tivesse colidido no vidro da sala.

Momentos como esse para mim confirmam que estamos todos conectados, e que as portas estão abertas entre o nosso tempo e todos os outros tempos. Estamos aqui para virar a maré do tempo, e a sabedoria dos anciãos está disponível para nos ajudar. O fio dourado que liga todas as raças está lá, e as penas podem nos unir de diversas maneiras. *A Terra É uma Mãe Perfeita*, se a escutarmos e aprendermos com ela.

●

Música do Falcão
Maril Crabtree

Penas se espalham entre os dedos,
O Falcão cai com o vento,
espiralando como se estivesse agarrado
a um lugar sem esperança —

um rasante ousado, "fazer ou morrer",

então, erguendo-se de novo, carregado
pela esperança e pelo vento,
sibilando no ar, repleto

de um acalanto límpido.

Agora escutem enquanto os sons
da sinfonia nascem
de suas asas,
cantando e girando

ao atravessar o arpejo do céu.

Falcão Guardião

Amy Belanger

Em 1990, tive o privilégio de representar a região montanhosa de Ozark no Congresso Biorregional Norte-Americano. Essa reunião nacional dos ambientalistas, ecologistas e outras comunidades aconteceu para coordenar e expandir nossos esforços pela proteção ambiental.

Durante três dias, nós comungamos num acampamento no Maine, discutindo de que forma nosso sistema alternativo de valores poderia causar impacto no mundo. A cada manhã, acordávamos ao nascer do sol para preparar panquecas na cozinha do acampamento, participar de aulas de ioga na floresta ou passear de canoa no lago. Todos os dias, reuníamos visões variadas de ativistas ambientais, advogados dos direitos dos animais e daqueles que defendiam comunidades vítimas de lixo tóxico.

Entre as sessões, adentrávamos a floresta que queríamos proteger, realizando caminhadas, tomando banho no lago e descobrindo uma ou outra singularidade do mundo. À noite, os sulistas cantavam, enquanto outros dançavam, contavam histórias ou prosseguiam os debates do dia.

Com freqüência, sentávamos à beira do lago, com o sol aquecendo os pinheiros e um falcão real circulando no céu, como se dissesse: "Eu os estou observando".

No último dia, sabíamos que uma profunda mudança pessoal seria necessária para aqueles que desejavam causar um impacto mínimo no mundo. Não somente tínhamos de ensinar o mundo a cuidar da terra, como também precisávamos mostrar lições espirituais daqueles que nos ensinam diante de adversidades. Tínhamos de aprender a refazer nossa linguagem para atingir os que não conheciam nosso trabalho, curar nosso próprio desespero ante o que perdíamos, e permanecermos pacíficos e complacentes contra a oposição hostil. No último dia, cada um de nós sabia que havíamos crescido como professores e que tínhamos nos unido uns aos outros tanto na mente como no espírito.

Naquele dia frio de primavera e na alegria de nossos corações, nós nos agrupamos para a cerimônia de encerramento à beira do lago. Duzentas pessoas deram-se as mãos num grande círculo, passando uma pena de falcão, como um lembrete do antigo índio americano, e cada uma abençoou aquele encontro. No solo, perto do círculo, alguém avistou outra pena. Era a pena de nosso falcão guardião, e concordamos em aceitá-la como um presente de despedida de nosso companheiro viajante.

Abaixamos nossas cabeças para rezar, meditar e escutar as palavras de sabedoria de nosso líder, que ergueu a pena a fim de agradecer ao falcão guardião, que nos agraciara com sua presença durante os três dias. De quando em quando em nossas discussões, nós o víamos atravessando o céu ou quase imóvel entre as nuvens. Ele se tornou um símbolo para nós de tudo pelo que trabalhávamos. Foi um daqueles raros momentos em que o aperto de mão de uma pessoa e o brilho dos olhos significam: "somos um".

Erguemos nossas mãos e olhamos o céu no instante final do fechamento. Exclamações ecoaram quando testemunhamos nosso sentinela sagrado, o falcão guardião, descrever o formato exato de nosso círculo acima de nós, completando a bênção com um cumprimento inesquecível.

Meditação

UM PASSEIO NA FLORESTA

Breitenbush, um centro de retiro no Oregon, fica no coração de Cascades e é conhecido por suas fontes naturais de água quente. Mas, para mim, o mais impressionante é a antiga floresta que rodeia Breitenbush. Ao ler os folhetos de orientação, soube que as árvores mais velhas do continente estão lá. Fiquei triste ao saber que, hoje, menos de cinco por cento da floresta americana está intata.

Enquanto eu caminho entre as árvores gigantescas, é difícil imaginar que essas árvores sejam "espécies ameaçadas". São cheias de vitalidade, subindo dezenas de metros até o céu. Aquelas que caem naturalmente têm troncos de quase três metros de diâmetro. Algumas árvores tombaram sobre o rio para prover acesso seguro à outra margem.

Então, caminho pelo perímetro que foi reflorestado. O contraste é incrível. Aqui, as árvores mais altas têm cerca de um metro e meio. Não há sombras, somente o sol implacável e o solo esparso. Serão necessárias décadas para que a floresta chegue perto de sua antiga majestade.

Pergunto-me o que será de nossa terra quando os últimos cinco por cento se forem. A mulher que caminha comigo é uma índia do Oregon; ela me contou que as madeireiras agora têm permissão para cortar árvores da floresta nacional. Essas florestas, antes preservadas, estão sendo devastadas pelas serras de forma alarmante.

Eles derrubam as árvores que estão longe das rodovias que dão acesso aos parques nacionais, ela diz. Portanto, os turistas não conhecem a extensão da devastação. Ao longo da rodovia, há árvores imensas, mas, na verdade, a floresta fica a nove quilômetros do asfalto e leva tempo demais para as sementes do reflorestamento crescerem.

Penso em minhas penas. O que acontecerá quando todas as árvores desaparecerem? Os pássaros já correm sérios riscos em muitas áreas, e são forçados a procurar um novo hábitat cada vez que o desenvolvimento desenfreado chega a suas árvores. Além de perdermos as árvores antigas e importantes, e de não podermos mais desfrutar de sua sombra e admirá-las, não teremos igualmente pássaros para ver e ouvir, e outras criaturas menores. E, sem os pássaros, não haverá penas para acrescentar beleza ao mundo, nenhuma pena para encontrar no caminho da floresta.

Nesse momento, como se adivinhasse meus pensamentos, uma pena aparece na trilha. Ela entoa seu aviso: "Não estejam tão certos de mim. Posso não estar aqui para seus netos".

Os sinais de um planeta em perigo estão a nosso redor, mesmo quando procuramos somente penas. Talvez seja por isso que o universo parece enviar mensagens sempre que pode. Só então, saberemos que a hora de agir — por nosso futuro e pelo futuro das próximas gerações — é agora. As penas são também uma mensagem para proteger e amar todas as formas de vida do planeta, e, assim, seus presentes continuarão aqui para todos.

- *Faça uma caminhada*. Tal qual na forma budista "caminhada meditativa", ande devagar para estar ciente de cada passo.
- *A cada passo*, nomeie e agradeça algumas partes do planeta e toda a sua variedade.
- *Seja cuidadoso* a cada novo passo a fim de ajudar a proteger nossa terra para as gerações futuras, e peça uma bênção para seu movimento futuro nessa direção.

•

Parte Três
Luz por Meio da Pena: Mensagens de Liberdade, Entrega e Desprendimento

Penas e Graça

Maril Crabtree

Durante uma recente viagem a São Francisco, a pessoa que se sentou a meu lado no avião sugeriu que eu visitasse a Catedral da Graça. Nós últimos anos, cidadãos do mundo inteiro vão a essa catedral para participar de uma experiência espiritual conhecida como "percorrer o labirinto". O modelo antigo de um labirinto de onze circuitos, encravado no chão da Catedral de Chartres, na França, foi levado a São Francisco pelo dr. Lauren Andress, um sacerdote episcopal; trata-se de um instrumento para contemplação e reflexão da vida espiritual.

No momento em que eu soube desse labirinto, tive a certeza de que iria conhecê-lo. Naquela tarde, fui a Nob Hill e logo avistei as torres da catedral entre as ruas asfaltadas da cidade e as casas coloridas.

Assim que me aproximei da igreja, notei um café chamado Cup of Grace. Não resisti à tentação de tomar uma xícara do famoso café com leite de São Francisco. O estabelecimento era convidativo, com algumas mesas diante da janela, que oferecia vista para o pequeno parque do outro lado da rua. Nos fundos do café, havia prateleiras de livros religiosos e CDs. Uma música de canto gregoriano amenizava o ambiente.

O gerente do café conversou comigo sobre o labirinto e me regalou com histórias acerca do poder que o labirinto tinha sobre a vida das pessoas. Quando me virei para sair, senti uma pena em meu bolso. Eu a encontrara enquanto passeava pelo zoológico no final de semana anterior. Porém, em lugar de colocá-la junto com minhas outras penas, por alguma razão a deixara no bolso daquele casaco. Agora eu entendia por quê. Retirei-a do bolso.

— Eu gostaria de lhe dar um pequeno presente em troca das coisas que partilhou comigo — eu disse, oferecendo a pena ao gerente. Expliquei-lhe por que as penas eram especiais para mim. Ele me agradeceu.

— Vou colocá-la em meu altar e ela me lembrará de que preciso me doar às pessoas — ele disse.

Fiquei contente. Um presente bem dado e graciosamente recebido, em especial por um estranho, possui uma qualidade sagrada em nosso mundo tumultuado. Trocar minha pena pelo tempo que esse homem dispensou a mim foi gratificante.

No dia seguinte, depois de ter percorrido o labirinto interno com dúzias de pessoas que, como eu, experimentaram aquela forma única de oração contemplativa, voltei à catedral para percorrer o labirinto externo. Este fora esculpido em pedra numa área adjacente ao café. O gerente havia mencionado que o labirinto ao ar livre era uma experiência distinta, e ele estava certo. Um homem praticando tai chi num canto do terreno me cumprimentou; ele e eu éramos os únicos que usufruíamos daquele ar matinal, junto com alguns pombos que ciscavam por ali.

Após completar minha caminhada no labirinto, resolvi ir ao café para agradecer novamente ao gerente. Ao me aproximar do estabelecimento, olhei para baixo. Ao lado de um arbusto, jazia uma linda pena branca.

Soube imediatamente que ela era para mim. O universo, ao nos abençoar com abundância, presenteava-me com outra pena, a qual seria uma preciosa lembrança daquele lugar especial.

Segurei a pena em minhas mãos e agradeci os meios misteriosos, mas simples, que o universo utiliza para se comunicar. "Comece aqui. Comece agora", pensei, enquanto acariciava a pena. "Procurarei mais oportunidades para oferecer minhas penas e eu mesma." Espantada, percebi que reafirmava a intenção do gerente, quando este dissera que a pena o lembraria de doar-se mais aos outros.

A pena branca ainda está comigo. Mas sei que encontrarei seu próximo dono em breve...

•

Doar

Terrill Petri

Faz três anos que coleciono penas. Elas parecem estar onde quer que eu vá. Por quê? Não tenho certeza, mas minha filha, uma mulher sábia, diz que as penas estão relacionadas a transição e sincronicidade.

Nos últimos anos, devido a minha profissão de relações públicas, passei a dirigir a Visão Feminina Internacional, uma organização sem fins lucrativos que trabalha com mulheres da cultura indígena dos Estados Unidos, África e América do Sul. Uso minhas habilidades e conhecimento para ajudar as mulheres ao redor do mundo a iniciar o próprio negócio.

No curso das aulas, aprendi muito com essas mulheres que vivem na simplicidade da sobrevivência, cuidando de si mesmas e dos filhos, utilizando os talentos que possuem. Elas têm pouco conforto material, mas tornam-se ricas ao apreciar as dádivas da natureza que estão disponíveis a todos nós. Sabem que suas necessidades serão atendidas com uma certeza que sempre invejei, enquanto me debatia para angariar fundos para a organização.

Na última primavera, enquanto trabalhávamos na reserva Pine Ridge com um grupo de índias, puxei uma folha de uma pilha de papéis e uma pena caiu. Uma das mulheres sorriu e disse:

— É uma pena de pomba. Esse será seu nome indígena: Pomba.

Tocada pelos dois presentes, a pena e o nome, guardei a pena em minha carteira para tê-la sempre comigo.

Um mês depois, eu viajava pela África, mais uma vez trabalhando com um grupo de índias. Um dia, caminhamos até as Victoria Falls, uma cachoeira conhecida também como A Caldeira do Diabo. A queda-d'água tinha dezenas de quilômetros e paramos no topo para observar aquele espetáculo da natureza. Uma das mulheres me disse que fazia parte da antiga tradição jogar na água algo que você não mais quisesse.

"Quero me livrar de meus medos e conflitos", pensei. "Talvez aqui seja o lugar certo para tanto."

Lembrei-me de minha pena de pomba e também lembrei-me da tradição indígena americana de "doar". Se você recebe um presente do universo, é importante devolvê-lo como forma de agradecimento. Tirei a pena de minha carteira. Era hora de devolvê-la e deixá-la levar meus medos.

Joguei a pena em direção à queda-d'água, imaginando que ela cairia no gramado logo a nossa frente. Contudo, o vento a levou à extremidade da cachoeira. Observei-a cair na Caldeira do Diabo. Naquele instante, uma linda borboleta aterrissou no local em que eu concentrava minha atenção: a borboleta, o símbolo universal da transformação! Senti uma paz interior, sabendo que minhas preces para libertar-me dos medos haviam sido atendidas.

Devolver a pena ao universo foi uma boa maneira de agradecer à Mãe Terra pelo cuidado e pela certeza de que no futuro eu continuaria a ser protegida por ela.

Anjos a Meus Pés

Vicki Wagoner

Sou uma pena para cada vento que sopra.
— Shakespeare, *Conto de Inverno*, Ato II, Cena 3

Trabalho num prédio de escritórios, rodeado por quatro avenidas de intensa circulação. Próximo dali, porém, há um lago junto ao qual costumo me sentar, ler e meditar durante minha hora de almoço. O lago é pequeno mas calmo, com pinheiros e arbustos floridos a sua volta. A despeito do tráfego, consigo "me desligar" e apreciar a beleza da água, das nuvens e da vida selvagem que lá habita. Há vários tipos de aves, a maioria patos e uma garça-azul; há também peixes e pássaros pretos, que mergulham no lago e ressurgem alguns metros adiante, sacudindo-se vigorosamente.

Certo dia, eu atravessava o gramado, em direção a meu canto à beira do lago, quando parei de repente. Poucos metros à frente havia nove egretas brancas e uma garça-azul imóveis e olhando para a mesma direção. Lembrei-me de ter visto uma cena parecida no filme *Cidade dos Anjos*. Os anjos (em forma humana) reuniam-se todas as manhãs na praia, ao nascer do sol, para agradecer ao Criador por mais um dia. Todos fitavam a mesma direção em silêncio solene. A cena causara certo impacto em mim, pois transmitia serenidade e sacramento.

Agora as egretas e a garça voltavam a atenção para um só ponto e, parecia-me, com a mesma serenidade profunda.

Fiquei estupefata. Foi a cena mais impressionante que já vi. Elas permaneceram naquela posição por alguns minutos e depois voaram.

Almocei, li e meditei como de hábito. O dia estava ensolarado e lindo, com poucas nuvens no céu, uma brisa refrescante e uma atmosfera mágica.

Quando me levantei para voltar ao trabalho, dei alguns passos e escutei a seguinte mensagem:

— O presente está a seus pés.

Olhei para baixo. Sobre a grama havia nove penas brancas e uma pena azulada.

Agradeci aos anjos por me visitarem. A mensagem foi clara. Com os desafios de uma nova carreira, um segundo trabalho para completar o orçamento, um marido e dois filhos adolescentes, sinto-me sobrecarregada e desequilibrada, a despeito de minhas tentativas de relaxar e confiar que tudo dará certo. Tendo a me deixar levar pela falta de fé. Porém, mais uma vez, os anjos encontraram meios de dizer que sou amada, protegida e guiada.

Recolhi as penas e as coloquei num pote em minha mesa. No pote estão impressos os dizeres *Liberte-se*. Cada vez que olho para elas, recordo o silêncio sereno dos pássaros — meus anjos disfarçados — e o maravilhoso presente.

•

Um Fardo Tão Leve Quanto uma Pena

Robert Gass

As formações rochosas de Utah são um de meus lugares de visão e poder. Vou ao deserto, com suas torres de pedra, obeliscos e beleza prístina em busca de luz e solidão.

Era o décimo dia de meu retiro. Eu ficava numa cabana, localizada numa fazenda, que era como um porto espiritual. Passara os primeiros dias livrando-me do estresse e da velocidade da vida moderna. Quando me aquietei, pedi orientação para meu trabalho e minha vida. Durante uma das meditações, escutei que eu escreveria um livro e trabalharia individualmente com líderes no papel de guia e treinador.

No dia seguinte, saí para caminhar e escalei parte de uma parede de pedra. Eu me sentia tão agitado por causa de minha "tarefa" que comecei a falar com Deus em voz alta.

— Deus, o que significam esse livro e esse trabalho? Sabe que não preciso de tudo isso. Já descobri que não tenho de realizar coisas importantes no mundo para ser feliz. Aliás, eu ficaria muito feliz se diminuísse o ritmo por algum tempo. Se essa tarefa é importante para Você, eu a farei. Do contrário, não sei. Por favor, ofereça-me um sinal. Uma pista para eu saber que direção tomar. •

De repente, começou a chover. Sabendo que a rocha ficaria escorregadia, desci rapidamente, esqueci a conversa, o sinal e Deus. Cerca de quinze minutos depois, virei-me. Havia um arco-íris no céu. Uma das pontas apontava para a pedra onde eu estivera.

Em vez de me acalmar, fiquei ainda mais agitado.

— É um sinal. Sem dúvida que é... Ou talvez não seja. Arco-íris sempre aparecem. Mas esta é a promessa que Deus fez a Moisés. É o sinal clássico do pacto entre Deus e o homem... Agora você se acha Moisés? O sinal, *schmine*, é um arco-íris.

Discuti a questão até chegar à cabana.

À beira do desespero, falei com Deus novamente.

— Sei que estou abusando. Pedi um sinal e vi um arco-íris saindo da pedra onde eu estava. Devia me sentir grato, mas estou assustado e confuso. Tenho dúvidas. Talvez dúvidas não se resolvam por meio de sinais. Mas Lhe peço mais um sinal. Algo claro e preciso, capaz de espantar meus medos. Quero que uma pena venha a mim de forma mágica. Também compreendo que talvez eu não receba esse sinal. Se for para eu viver com dúvidas, que assim seja.

A essa altura, eu me liberei. Senti tranqüilidade interior. Mesmo que o sinal não aparecesse, estava preparado para aceitar minha tarefa.

Naquela manhã, um grupo de mulheres apareceu na fazenda para uma cerimônia. Souberam pelo proprietário que eu estava em retiro. Minha música era importante para a comunidade que elas representavam e, portanto, queriam que eu cantasse algumas canções no cerimonial daquela noite.

Eu devia me sentir honrado, mas fiquei irritado. "Estou em retiro espiritual", pensei. Pretendia declinar, mas me lembrei de meu pedido a Deus. Senti naquele momento que o espírito se manifestava por intermédio das mulheres. Então, aceitei o convite.

Naquela noite, nós nos reunimos ao redor da fogueira para rezar, cantar e dançar. A festa terminou. Eu guardava meu violão quando uma mulher postou-se a minha frente. Ela me olhou e disse:

— Isso é para você. Disseram-me que eu devia lhe dar isso. — Nas mãos dela havia uma pena de um falcão de rabo vermelho.

Quando toquei a pena, escutei a voz de meu "eu" duvidoso, tentando encontrar uma justificativa racional. Mas não havia nenhuma. Pela primeira vez, meu interior cético estava sem palavras.

A pena está em meu altar como uma lembrança da vontade de Deus.

•

Pena de Pica-Pau

Paul W. Anderson

Apesar do trajeto de duzentos e oitenta quilômetros, meu velho Dodge portou-se bem naquela noite, sob o céu estrelado que parecia salpicado de lantejoulas. Alternando a direção com minha mulher, Pam, eu e ela percorremos os longos quilômetros entre Kansas City e Taos, no Novo México.

Quando o sol se ergueu ao lado das montanhas Sangue de Cristo e surpreendeu a planície com mais um dia, saboreamos burritos e feijão-vermelho no café da manhã em nosso restaurante favorito. Aquela única refeição compensou as treze horas de viagem.

Por volta do meio-dia, chegamos à estalagem Velha Taos. Tim Pé-Descalço, um dos proprietários, apareceu para nos receber. Com a tradicional lentidão de Taos, ele nos ofereceu uma breve história e um passeio pela *hacienda* de cem anos. As paredes rosadas, a extensa varanda e a maravilhosa vista da planície trouxeram-me uma sensação de tranqüilidade e bem-estar. A última instrução de Tim foi sobre como usar a banheira quente do lado de fora de nosso quarto.

Com uma toalha no ombro, resolvi tomar banho antes de Pam. Enquanto explorava os arredores, parei perto de uma mesa com duas cadeiras. Atrás de uma delas próximas ao arbusto, avistei uma pena preta e branca. A alta folhagem da grama a sustentava acima da terra, como se a oferecesse a mim. "Pegue a pena que você pediu. É sua. Os pássaros a deixaram para você".

A sincronicidade, para mim, é como uma manifestação paranormal. Tudo parece interligado. Mais uma vez, percebi que estava no lugar e na hora certos. Perplexo, aceitei a pena que, três meses atrás, eu havia pedido. E, embora a aparição daquela pena coincidisse com uma experiência interior que eu tivera, o verdadeiro impacto e o ensinamento proporcionados por ela ainda estavam por vir.

As penas surgem em minha vida como poderosos símbolos de vários tipos de energia, mas sempre de forma inesperada. Ao me abaixar para recolher a pena, lembrei-me da pedra de três meses atrás, em março, quando eu e Pam tínhamos ido a Taos para comemorar nosso aniversário de casamento.

O pica-pau me lembra o *kachina* da tradição Zuni, que parecem palhaços com suas penas listradas de preto e branco. Esses pássaros são trapaceiros, representam o coiote do reino das aves, com cantos agradáveis que acabam me pegando distraído. Eles vivem em bando, acasalam-se para manter a espécie e, tal qual seus parentes corvos, preenchem o espaço a sua volta com um poder audacioso.

Eu queria um pouco dessa energia, e, em março, pedi a cada pica-pau que via um símbolo de seu poder. Em princípio, desejei uma pena da longa cauda. À medida que o mês de março passava e nenhuma pena aparecia, disse aos pássaros que ficaria feliz em ganhar qualquer uma. As aves pareciam rir de mim. Na verdade, senti-me ignorado e meu pedido foi desconsiderado. Voltei a Kansas City com as mãos vazias. Nenhuma pena de pica-pau aparecera para mim até então, quando esta apareceu.

Após os rituais de agradecimento e limpeza, amarrei a pena à flauta que eu comprara. Durante o final de semana, toquei flauta para os pássaros que se aproximavam de mim.

Como sempre, eles ignoravam a mim e a minha música, mas pareciam felizes com o verão que substituía o inverno e com os tufos de nuvens brancas que flutuavam no céu.

Domingo era o dia de voltar para casa. E era também o solstício. Acordei para ir à garganta do Rio Grande ver o sol nascer. Queria rezar e honrar o dia no local onde eu vira um falcão fêmea chocar dois filhotes. Talvez ela ainda estivesse lá.

À primeira luz da manhã, peguei meu tambor e minha flauta, destranquei o carro e inseri a chave na ignição. Girei a chave para ligar o motor. Nada aconteceu. A chave não se movia. A ignição parecia congelada. Tentei tudo que sabia para ligar o carro. Continuava emperrado.

Então, desisti de ir à garganta do rio e comecei a me preocupar com a volta para casa. Tim achava-se na cozinha, assando pães e cortando as frutas para o café da manhã. Ele sugeriu que eu telefonasse para o mecânico da região.

— Bom dia. Desculpe incomodá-lo a essa hora, mas não consigo fazer meu carro pegar e preciso retornar a Kansas City hoje. Pode me ajudar?

— Ah, ainda é muito cedo. Você disse Kansas City?

— Sim, Kansas City. Estamos hospedados na estalagem Velha Taos.

— Então, ligue para mim em duas horas e eu lhe direi se posso ir consertar seu carro. — Dito isso, ele desligou.

Fui até Tim.

— Você tem grafite? Talvez ele solte a ignição.

— Tenho, sim. Está lá fora, no depósito.

— Vou pegá-lo. Diga-me onde ele está exatamente.

— Não. Espere aqui. Eu pego o grafite para você. — Tim lavou as mãos e dirigiu-se ao depósito.

Após alguns minutos, inseri um pouco de grafite na ignição. Nada. Três anos atrás, o Dodge fora roubado. Os ladrões haviam quebrado a coluna da direção e queimado os fios da ignição. Talvez eu pudesse fazer algo semelhante. Mas não queria quebrar nada e nem sequer sabia o que quebrar. Outra opção seria retirar a direção e, eu esperava, expor os fios. Fui falar com Tim.

— Você tem soquetes? — expliquei a ele meu plano.
— Tenho. Estão no depósito.
— Quer que eu vá buscá-los? — perguntei.
— Não. Eu vou buscá-los para você.

Fiquei na varanda, observando o novo dia que se espalhava pela planície.

— Detesto esperar — disse a mim mesmo. Então, tive um *insight*. Era disso que se tratava. Essa era a mensagem. *Aprender a esperar!*

Os soquetes não funcionaram. Pam apareceu para ver o que estava acontecendo. Descrevi-lhe a situação.

— Tudo tem a ver com a capacidade de esperar — eu disse a ela. — Detesto esperar. Tive de esperar a pena de pica-pau, o mecânico, o grafite, os soquetes e meu passeio à garganta do rio. Não gosto de esperar.

Enquanto eu falava, inseri a chave na ignição mais uma vez. Girei a chave e o carro pegou.

Pam riu.

— Acho que entendeu a mensagem.

A ignição tem funcionado bem desde então.

Guardamos as malas no carro, saímos do estacionamento e rumamos para a rua. Após percorrer quinze metros de asfalto, um enorme pica-pau voou em frente ao carro, pousou e começou a andar. Ele agia como se regesse uma banda.

Seguimos o pássaro, enquanto este atingia a estrada e virava à esquerda, a direção que devíamos tomar. Ele emitia ruídos o tempo todo, como se conversasse conosco. Então, parou de andar e, sem esforço, voou até o fio de alta-tensão da estrada.

Lá ele permaneceu, quieto. Coloquei a cabeça para fora da janela.

— Obrigado pela pena — eu disse. — Entendi a mensagem. — Lentamente, o pássaro abriu as asas, sacudiu a cauda e alçou vôo em direção ao campo.

•

Meditação

PRESENTES E SINAIS DAS PENAS

As penas de certos pássaros foram utilizadas, em muitas culturas antigas, para simbolizar sinais e presságios específicos. Esses sinais permeiam nossa linguagem: sábio como uma coruja, o pássaro azul da felicidade, ágil como uma águia. Embora a pena transmita uma mensagem única para cada pessoa, há mensagens universais que elas também nos passam:

- **Corvo** — conhecimento intuitivo, sabedoria mística (o corvo também é visto como um mensageiro da morte ou da doença em algumas tradições. O poema de Edgar Allan Poe, *O Corvo*, fala da natureza misteriosa e agourenta do pássaro).
- **Águia, falcão** — agilidade, força, coragem; associadas à energia masculina, o princípio *yang*; são pássaros sagrados em muitas culturas, freqüentemente vistos como "mensageiros".
- **Martim-pescador** — felicidade, prosperidade, boa fortuna.
- **Coruja** — sabedoria interior, associada à energia feminina, o princípio *yin*.
- **Pavão** — um símbolo de proteção ou clarividência; também um símbolo do amor e do prazer sensual.
- **Pomba** — adaptação e sobrevivência.
- **Papo-roxo** — um mensageiro do bom tempo, se for visto cantando ao ar livre, e de que haverá chuva, se estiver escondido entre as folhagens da árvore; também representa inocência e "boa sorte".
- **Gralha** — outro precursor do bom tempo, se for vista no topo de uma árvore, e da chuva, se for vista mais abaixo; quando elas se reúnem, é sinal que uma tempestade está a caminho.
- **Gaivotas** — paz, eternidade.
- **Cegonha** — boa fortuna, muitos filhos.

Para essa meditação, escolha um dia, um final de semana ou uma semana. Declare a intenção de notar que pássaros surgem a sua volta. Anote os tipos de pássaros que você reconhecer. Procure o significado deles em várias fontes, como enciclopédias, livros ilustrados sobre pássaros ou num bom dicionário com citações históricas e literárias.

Depois de pesquisar todos os significados, encontre um lugar sossegado para meditar. Pergunte a sua sabedoria interior que significados poderiam se aplicar a sua vida naquele momento. Dê tempo à resposta. Escreva o que lhe vem à mente. Peça orientação contínua ao mundo natural e especialmente às penas.

●

Pássaro Preto, Pássaro Branco

Laura Giess

Quando vi os pássaros pela primeira vez, eu ainda era casada e morava numa cidadezinha do Kansas. Eu trabalhava em Hays, e viajava noventa e seis quilômetros todos os dias.

Meu casamento havia se deteriorado e eu estava desesperada, sem saber o que fazer. Deveria tentar salvá-lo ou esperar que uma separação me trouxesse alguma luz? Tais pensamentos permeavam minha cabeça, mas não conseguia encontrar uma resposta.

Certa manhã, a caminho do trabalho, um pássaro branco e um preto voaram diretamente sobre meu carro. Eles apareceram do nada, apenas os dois; e o evidente contraste das cores me surpreendeu. Embora eu reparasse em pássaros, jamais notei um par tão singular.

"Imagino quem estaria tentando se comunicar comigo", pensei ao observar os pássaros atravessando meu campo de visão. Tentei captar a presença de alguém, mas nada me ocorreu. Então, esqueci o assunto.

Mas, no dia seguinte, aconteceu novamente, no mesmo local e da mesma maneira — um pássaro branco e um preto voaram acima de meu carro. Eu não os havia assustado; não existia nenhuma explicação lógica para tal comportamento.

No entanto, nos dias que se seguiram, enquanto me debatia entre continuar casada ou me separar, eu via os pássaros voando: sempre dois pássaros, um preto e um branco, e sempre no mesmo lugar. Eu pensava: "O que é isso? O que estão tentando me dizer?".

Gradualmente, percebi que os pássaros eram um símbolo de minhas emoções internas e do conflito que eu sentia: parte preto, parte branco. Minha vida estava um turbilhão. Por fim, após um mês, tomei uma decisão. Com grande dificuldade, disse a meu marido e a meus dois filhos adolescentes que precisava de solidão para procurar uma solução para minha infelicidade. Achei um apartamento, não muito longe do trabalho, e, com medo e determinação, mudei-me e comecei uma vida nova.

Depois que me instalei em Hays, vi o pássaro branco várias vezes, mas nunca mais vi o preto. Quando enfim decidi continuar separada, sabia em meu coração que tinha feito a escolha certa por mais dolorosas que fossem as conseqüências. O desaparecimento do pássaro preto e a constante aparição do branco pareciam confirmar minha decisão. Agora que estou feliz, tranqüila e livre, vejo pássaros brancos com freqüência!

•

Caçador de Penas

Mark E. Tannenbaum

Uma pena na mão é melhor que um pássaro voando.
— George Herbert, *Jacula Prudentum*

Em geral, as pessoas são colecionadoras. Conheço pessoas que colecionam bonecas e figurinhas de futebol. Uma vez, colecionei tampas de garrafa; mais tarde, preferi latas de cerveja e garrafas. Não havia motivo para eu colecionar tampas e recipientes de bebida; a suposta mania parecia expressar o caçador dentro de mim.

Quando minha vida entrou em crise, eu descobri que o instinto colecionador mais uma vez se manifestava — não como antes, mas de certa forma mais poderoso. Só consigo relacionar tal fato a um sussurro que lembro ter escutado quando meu irmão gêmeo passou por mim, dentro do útero de minha mãe: "Aproveite a jornada". Foi um sussurro ao vento, semelhante a um pássaro que voa sobre você; então, num rápido farfalhar de asas, o sussurro acontece. É profundo.

•

Era um momento forte em minha vida. Emergiam tantas vozes da natureza que pensei em usar tapa-ouvidos para silenciá-las! Tudo parecia florescer, como se as azaléias abrissem seus botões em meus olhos. Fragrâncias intoxicantes e novas sensações me rodeavam, acariciavam minha mente, espírito e corpo. Começava outra vez. Outra fase de caçador? Não no sentido do que eu era, mas em quem eu me tornava.

O que me levou à fase seguinte foi *Animal Speak* [Fala Animal], um livro escrito por Ted Andrews que explicava como os elementos da natureza tinham seu próprio significado. Fiquei mais ciente do que me rodeava. Em termos simples, era o equilíbrio que eu procurava.

Após muita leitura, descobri que minha ligação com a natureza expressava-se, em especial, por meio dos pássaros. Eles eram meu totem. Eu me sentia mais alinhado, mas faltava ainda a chave para abrir a porta da experiência direta.

Durante um final de semana em meados de setembro, levei o livro, meu cachorro, Yapper, e meu equipamento de camping ao Parque Shades State, em Indiana, para procurar a "chave" que Ted Andrews havia mencionado. Perguntei-me o que seria preciso para encontrá-la. Se ela estivesse naquela área, eu tinha três dias para cobrir 2.000 acres!

Na manhã do terceiro dia, saí para passear com Yapper, seguindo uma trilha. Àquela altura, eu me convencera de que não havia nenhuma urgência de encontrar a chave. Sendo o último dia — e como eu não tinha nada a perder —, pedi a chave em voz alta.

— Quero encontrar uma pena, de preferência uma pena de falcão — eu disse à floresta. Em seguida, esqueci o assunto. Continuei a caminhar atrás de Yapper, já que ele sabia onde ir.

Depois de um tempo, uma sombra surgiu sobre mim. Foi como se alguém tocasse meu ombro, sussurrando em meu ouvido: "Aproveite a jornada". Até Yapper notou a sombra e começou a latir.

Olhei para o céu. Eles estavam lá — dois falcões voando! Fiquei perplexo. Parei, agradeci ao Pai Céu e à Mãe Terra pelo presente, e segui os falcões ao longo da trilha. Quando enfim pousaram numa clareira, Yapper e eu estávamos sem fôlego.

Vi alguns bancos de madeira no local. Notei um objeto sobre um dos bancos e me aproximei. Havia uma pena a minha espera. Peguei-a e senti tanto sua fragilidade quanto sua magnificência. Foi o momento da verdade: uma chave, um acesso a portais num nível que eu nunca havia experimentado, um novo equilíbrio em minha vida.

Desde então, tenho encontrado muitas penas. Não são apenas presentes da natureza; também simbolizam a renovação da vida. Cada vez que uma pena cai, outra pena surge. Essa nova vida substituindo a velha me diz que a morte é somente o começo: onde há morte, há vida, um equilíbrio.

E, ao longo do caminho, recordo o que o falcão sussurrou em meu ouvido: "Aproveite a jornada".

•

Um Espírito de Liberdade

Terry Podgornik

Cerca de dois anos atrás, uma pena apareceu em meu caminho. Eu logo a notei. Parecia importante, mas não sabia o que fazer com ela.

Desde então, penas têm aparecido com freqüência, quase do nada. O mais curioso é que, quando me vejo num ambiente urbanizado, sem pássaros à vista, as penas encontram uma maneira de vir até mim. Às vezes, ao sair do trabalho, em meio a edifícios, carros e pedestres apressados, uma pena flutua e cai a meus pés.

As penas me conectam a algo que vai além de mim mesma e de minhas preocupações comuns. Quando fui à Escócia, passei muito tempo visitando os lugares mais pitorescos e comprando presentes. Um dia, enquanto eu tentava decidir que lenço iria comprar, ergui o olhar e vi um jovem com penas de falcão em seus cabelos. Não nos conhecíamos, mas sorrimos um para o outro na loja. Naquele instante, partilhamos um companheirismo secreto, baseado nas penas. Saí sentindo-me leve, apesar das cansativas horas que passei de loja em loja.

Enfim, entendi que as penas, para mim, representam liberdade espiritual. Elas me encorajam a me concentrar no que realmente é importante na vida. Elas me dizem quando é hora de me renovar, aproveitar a vida, viver o momento presente. É uma mensagem simples, mas poderosa, algo que eu preciso ouvir com freqüência.

Concluí que, se as penas conseguiam chegar até mim mesmo na cidade, eu devia a elas e a mim mesma um ambiente mais natural, onde a necessidade de aproveitar a vida e apreciar a natureza me acompanhasse constantemente.

Tenho de agradecer às penas por obter tempo para retiros pessoais, longas caminhadas em parques e à beira de rios e férias em locais selvagens. A cada nova pena, fortaleço a capacidade de escutar minha sabedoria interior.

•

Um Coração

Li-Young Lee

Veja os pássaros. Mesmo o vôo
nasce

do nada. O primeiro céu
está dentro de você, Amigo, abra-se

a cada fim do dia.
O trabalho das asas

foi sempre a liberdade, acelerando
um coração a cada coisa que cai.

Você Não Precisa Lutar

Lee Lessard-Tapager

Tal qual ocorre a muitas pessoas, a condição de minha própria saúde tornou-se uma avenida para mudanças de carreiras e para fazer coisas de que gosto. Sofri um ferimento no joelho que se recusava a sarar com os tratamentos tradicionais. Explorei alternativas e no final obtive a cura por meio da cinesiologia holística e do trabalho com áreas de energia estagnada em meus padrões de energia. Agora ensino cura holística e ajudo uma ampla variedade de pessoas.

Pouco depois de largar meu antigo emprego e decidir ensinar o que aprendi por meio de minha recuperação, comecei a colecionar penas. Queria criar um espaço de cura para meu trabalho que incluiria objetos sagrados da natureza.

Assim que resolvi usar penas em meu espaço, elas começaram a surgir em meu caminho. Fazia longas caminhadas em Pine Island (na costa do Golfo, na Flórida), onde minha prática de ioga e cura havia começado a se formar. Foi um daqueles períodos em que nada parecia vir facilmente — precisei lutar e trabalhar constantemente para adquirir estabilidade financeira para minha nova aventura.

Um dia, eu caminhava, perguntando-me por que tudo requeria tanto esforço, quando avistei uma linda pena branca num charco à beira da estrada. O único problema era que ela estava rodeada de água. Eu queria a pena, mas não queria entrar na lama para pegá-la. "Se desejo mesmo uma pena como esta, haverá outra para mim cedo ou tarde", pensei.

Continuei a caminhar e me surpreendi ao ver um bando enorme de íbis-brancos tomando sol. Quando o bando alçou vôo, uma única pena branca caiu na estrada diante de mim.

A mensagem foi instantânea e clara.

— Você não precisa lutar. Aceite que o universo irá prover o que você necessita, quando chegar a hora.

A mensagem foi exatamente o que eu precisava escutar. Desde então, sempre que me vejo lutando contra o ritmo do universo, olho para a pena branca que recebi naquele dia. Ela me lembra de que tudo acontece quando tem de acontecer.

•

Ritual

ABUNDÂNCIA DE PENA, ABUNDÂNCIA DE VIDA

Escolha a pena que mais o atrai ou imagine uma pena de que goste e vá a seu lugar favorito para meditar.

- Coloque a pena a sua frente num tapete, mesa ou altar (ou em sua mente, se a pena for imaginária), e concentre sua energia no espaço da pena.
- De olhos fechados ou abertos, permaneça por alguns momentos com a pena, meditando acerca de suas forças e qualidades positivas. Escreva-as ao final da meditação ou durante.
- Em seguida, pense em lugares de amor, conforto e poder de sua vida. Com que bons amigos você foi abençoado? Onde você sente o poder interior? Que bênçãos materiais você tem? (não minimize — lembre-se, para o desabrigado, um teto é uma grande bênção; para o faminto, comida é definitivamente algo ainda mais precioso!). Se quiser, desenhe ou rascunhe esses lugares confortáveis e poderosos ou faça pelo menos um esboço deles.
- Segure a pena em suas mãos. Comece pelo topo da cabeça e, devagar, contorne um lado de seu corpo com ela, e depois o outro. Em seguida, faça o mesmo à frente e atrás. Crie um "campo" de energia que cubra seu corpo. Enquanto isso, diga (em voz alta, se puder) as palavras "Sou abençoado com...", seguidas das coisas que pensou.

Eis aqui alguns exemplos:
- Sou abençoado com inteligência.
- Sou abençoado com senso de humor.
- Sou abençoado com amor pela vida em si.
- Sou abençoado com uma cama confortável, muitos livros e dinheiro para suprir minhas necessidades.

- Sou abençoado com amigos que gostam de mim e me aceitam.
- Sou abençoado com um lindo jardim em minha casa, onde sinto meu próprio poder e o poder da natureza.

Não se preocupe com especificidades. Continue dizendo as palavras "sou abençoado", enquanto cria o campo energético da pena. Nesse ínterim, você irá se harmonizar com o campo universal de energia positiva que nos rodeia o tempo todo.

•

Cinqüenta Coisas para Fazer com as Penas

Mary-Lane Kamberg

No meu qüinquagésimo aniversário, uma amiga me deu cinqüenta penas. Minha carta de agradecimento a ela foi esta lista de idéias a realizar com as penas:

1. Criar um ninho de penas.
2. Colocar uma pena em meu boné.
3. Fazer cócegas em mim mesma.
4. Juntar-me aos pássaros que possuem a mesma pena.
5. Enfeitar alguém.
6. Escrever com uma pena.
7. Colocar uma pena e um tinteiro perto de seu computador para lembrá-la da infinita amplitude da comunicação.
8. Dormir numa cama de penas.
9. Dormir usando um travesseiro de penas.
10. Tirar o pó com um espanador de penas.
11. Decidir o que pesa mais: um quilo de pena ou um quilo de ferro.
12. Fazer um enfeite de Natal.
13. Costurar uma colcha de penas.
14. Usar penas em meu casaco de inverno.
15. Provocar minha imaginação.

16. Roçar o nariz de meu marido enquanto ele está dormindo.
17. Fazer cócegas nos pés de um bebê.
18. Fazer um cocar indígena.
19. Associar-me à Academia das Penas.
20. Fazer os anjos voarem.
21. Criar uma fantasia de pássaro.
22. Fazer um apanhador de sonhos.
23. Fazer uma máscara de Carnaval.
24. Fazer meu gato pensar que há um pássaro na casa.
25. Amarrar uma pena em meu carro, abrir minhas asas e aprender a voar.
26. Prender penas em minhas mechas.
27. Atirar com arco e flecha.
28. Usar um boá de penas.
29. Fazer um leque de penas.
30. Deixar uma pena no chão para que uma criança possa encontrá-la.
31. Sentir que sou uma bela pena.
32. Usar um chapéu de plumas.
33. Costurar uma almofada de penas.
34. Fingir que sou um cavaleiro emplumado.
35. Fazer um chapéu para entrar na banda.
36. Brincar de índio.
37. Estimular minha vaidade.
38. Acariciar as penas de alguém.
39. Desarrumar as penas de alguém.
40. Fazer um colar de penas.
41. Enfeitar minha colher de pau.
42. Lutar boxe com alguém que pese 50 quilos (ou seja, que seja um "peso-pena").

43. Pintar um quadro.
44. Encher um aquário vazio com penas coloridas.
45. Fazer um periscópio.
46. Enfeitar um vaso.
47. Criar uma história para cada pena.
48. Partilhar as penas com alguém.
49. Montar um móbile.
50. Decorar meu computador.

Qual É o Seu Fator Pena?

Virginia Lore

Você consegue falar com os anjos ou voar como uma águia? Descubra que mensagem a pena tem para você neste teste.

1. Seu primeiro ato consciente pela manhã é:
   A. Meditar por alguns minutos
   B. Pedir um farto café da manhã
   C. Ler o jornal
   D. Acordar as crianças a caminho da cozinha

2. Ao andar pela rua, você repara:
   A. No odor fresco da chuva sobre o asfalto
   B. Na sorveteria em frente
   C. No veículo estacionado em local proibido
   D. Nos carros que possuem assentos para bebês

3. Suas férias ideais seriam:
   A. Num retiro espiritual
   B. Num luxuoso cruzeiro
   C. No campo
   D. Visitando a família ou amigos que moram longe

4. Se sua televisão está ligada, você está assistindo:
   A. A um programa de entrevistas
   B. A um seriado americano
   C. Ao telejornal
   D. A novelas

5. Você sonha muito com:
   A. Pássaros
   B. Beijos
   C. Brigas
   D. Fugas

6. Na adolescência, você costumava:
   A. Observar as nuvens
   B. Cantar no coral da escola
   C. Ser membro do grêmio
   D. Buscar privacidade no banheiro

7. Se pudesse ler mais poesia, você começaria com:
   A. O simbolismo de Cruz e Sousa
   B. A rica sintaxe de João Cabral de Melo Neto
   C. O humor cáustico de Oswald de Andrade
   D. A simplicidade de Manuel Bandeira

8. Você passa muito tempo diante do computador:
   A. Escrevendo
   B. Jogando videogame pela Internet
   C. Enviando e-mails políticos
   D. Organizando as finanças da família

9. Numa ensolarada tarde de sábado, você está:
   A. No jardim, escutando o som da natureza
   B. Dentro de uma sala de cinema, assistindo a uma comédia
   C. Numa passeata de protesto
   D. Numa loja de artigos domésticos

10. Você preferiria viver:
    A. Na Paris dos anos 70
    B. Na Nova York dos anos 20
    C. Na São Paulo dos anos 60
    D. No Rio de Janeiro dos anos 50

Pontuação:

- *Se a maioria das respostas for A*: *Explorador Angelical*. Associado ao elemento ar, o domínio primário do Explorador Angelical é a espiritualidade. Intuitivo e muito criativo, o Explorador Angelical já possui um forte relacionamento com o desconhecido e é muito receptivo a mensagens do além. No entanto, lembre-se do velho ditado: "Não peque pelo exagero". A ruína do Explorador Angelical é a ganância espiritual. Seu desafio é manter os pés no chão para que ele utilize a visão espiritual de forma prática. A mensagem da pena é um lembrete de que o poder está neste plano e há oportunidades de vincular-se a circunstâncias físicas.
- *Se a maioria for B: Dançarino*. Na alameda do fogo, o instinto primário do Dançarino é a sensualidade. Em seu aspecto sombrio, tal característica pode parecer materialista ou um apego à carne. Essa pessoa deve ser um dançarino na vida real ou, ao menos, trabalhar no ramo. Dançarinos saudáveis, porém, aproveitam as oportunidades de obter alegria no mundo físico. O Dançarino vive a gratidão sincera e o entusiasmo por aquilo que as pessoas acham insignificante. O desafio para o Dançarino é desapegar-se de detalhes materiais da vida diária. Quando você encontrar uma pena, siga seu conselho de permanecer "quieto e escutar" ou fique por alguns momentos refletindo antes de voltar aos afazeres normais.
- *Se a maioria for C: Orador da Águia*. Associado ao elemento terra, o Orador da Águia faz sua jornada pela verdade e justiça. Seu instinto primário é social, especialmente voltado para o bem-estar de todas as pessoas. Com seus olhos voltados para o horizonte, o Orador da Águia nem sempre sabe se relacionar e tende a ser crítico quando alguém desiste dos próprios ideais. Ele é regrado pela paixão pela

igualdade. As penas surgem no caminho do Orador da Águia para lembrá-lo da alegria de viver o "aqui e agora", quando livre de julgamentos.
- *Se a maioria for D: Ninho Seguro*. O instinto primário do Ninho Seguro é a autopreservação em todas as suas manifestações. Regrado pela água, o Ninho Seguro investe muita energia em fortalecer os relacionamentos e construir seu lar. Ele não é apenas especializado em jardinagem, culinária e paternidade (ou maternidade), mas é também um excelente amigo. Dotado de empatia e sensibilidade, o Ninho Seguro pode facilmente tornar-se moroso, mal-humorado ou deprimido. A pena o avisa de que é preciso concentrar-se mais no crescimento pessoal e confiar na abundância do universo.

Resultados Mistos:
- Um *par compatível* é um equilíbrio forte e saudável entre dois tipos (quatro ou mais respostas em cada categoria). Leia as duas descrições e assimile as mensagens da pena.
- Uma divisão entre os três tipos (três em cada) indica um forte equilíbrio entre os três lados desenvolvidos de sua personalidade. Para crescer ainda mais, leia a descrição do tipo em que você obteve a menor pontuação e deixe a pena ajudá-lo a desenvolver as qualidades desse aspecto.
- Uma *mistura absoluta* (de dois a três em cada um dos quatro tipos) sugere que você seja um individualista com a noção de que conhece seu próprio valor e possui um conjunto único de gostos e princípios. Ao reconhecer isso, permita que a mensagem da pena o inspire a partilhar sua singularidade, fortalecendo os outros.

Sonhos de Falcão

Judith Christy

Eu o vi pela primeira vez em meus sonhos — uma presença sombria e misteriosa. Quando começou a aparecer no plano físico, eu soube que devia prestar atenção ao que ele me mostrava.

Eu estava de férias numa das ilhas do golfo da Flórida. Certo dia, um falcão voou por cima de mim e pousou numa árvore perto da casa. Seu colorido era lindo e me encantei com os detalhes das penas. Observei, fascinada, quando ele se acomodou no galho da árvore e me olhou. Nos dias que se seguiram, eu o vi várias vezes.

Em outro dia, sentei-me no terraço para meditar sob o sol. Fechei os olhos e esvaziei minha mente de pensamentos. Eu me encontrava profundamente relaxada quando me assustei ao escutar o grito de um pássaro. Uma sombra passou sobre mim e algo caiu em meu colo. Abri os olhos e vi um pequeno galho de amoras sobre minhas pernas — o presente do falcão. Fiquei emocionada ante aquele vínculo sagrado.

Durante minhas duas semanas de férias, ele aparecia quase diariamente, pousando no parapeito do deque em frente à cozinha. Eu o admirava pela janela e até tirei uma foto, que permanece em meu altar.

Aquele adorável falcão da Flórida tornou-se um símbolo da liberdade para mim — uma liberdade que permite vôos, buscas e novos riscos, mas sempre permanece ligada à terra que é seu apoio e santuário.

Meu Leque da Liberdade

Elissa Al-Chokhachy

Meu altar e local de meditação ficam em meu quarto. É meu retiro, onde experimento o silêncio interior e minha sagrada ligação com a Fonte. Sobre a toalha branca do altar estão as memórias mais significativas de minha jornada espiritual. Fotos de seres iluminados, místicos e profetas, como a Mãe Abençoada, Gurumayi, Jesus Cristo e Sai Baba, que me oferecem esperança em momentos de necessidade.

Um tesouro importante que se encontra no altar é meu "leque da liberdade", uma composição das várias penas que colecionei ao longo da estrada da liberdade. Em março de 1987, vivi um profundo despertar espiritual. Além de ter sido abençoada com a altíssima consciência, experienciei a unidade de Deus em todos os sentidos. Descobri que Deus estava *em mim e em todas as coisas*. Essa percepção transformou minha vida.

Como resultado, eu me comprometi totalmente com o caminho espiritual. Foi, sem dúvida, o auge da experiência. Ironicamente, paralela à magnífica consciência, surgiu a constatação de que meu mundo exterior não suportava minha nova interioridade espiritual.

Os anos que se seguiram foram tumultuados, e meu casamento de dezoito anos terminou em divórcio. Eu rezava, pedindo força, coragem, ajuda e cura. Surpreendentemente, o universo respondia com sinais de esperança e conforto.

Não me lembro do dia exato em que a primeira pena da liberdade apareceu em meu caminho. O leque e a coleção de penas aconteceram naturalmente. Logo no início da jornada espiritual, participei de um intenso workshop de cura. Ao final, um participante, que eu não conhecia, ofereceu-me um presente. Era algo que ele havia guardado durante anos; porém, sem explicação, sentiu-se impelido a ofertá-lo a mim.

Era uma peça sagrada de uma veste indígena, amarrada por uma tira de couro. Muito emocionada, agradeci o presente e me senti comovida com sua generosidade. Uma vez em casa, coloquei-o em meu altar e fiz uma prece de agradecimento.

Na mesma época, eu realizava caminhadas reflexivas para me centrar e equilibrar. Em geral, uma pena aparecia em meu trajeto. Não importava o local. Eu podia estar na floresta, na praia ou na rua. Eu me via impelida a olhar em determinada direção e lá havia uma pena para mim. Eu sorria, sabendo que se tratava de um presente do Espírito.

Cada pena representava um marco e um símbolo de que me encontrava no caminho da liberdade. Eu recolhia a pena e agradecia. Quando voltava ao altar, colocava a pena na tira de couro da peça indígena. Batizei-a de "leque da liberdade", porque cada pena significava um passo em direção à independência, completude e autonomia... e, um dia, eu sabia que iria voar.

Oito anos após meu despertar, libertei-me do casamento. Não precisava mais fingir que eu era a imagem do que deveria ser. Não tinha de esconder minha espiritualidade no armário. Podia respirar. Finalmente estava livre para ser eu mesma.

Embora eu lute muito para criar três adolescentes, minha cura continua, e sinto-me mais livre e feliz do que nunca.

Minha espiritualidade incorporou-se a meu trabalho de enfermeira, e fui abençoada com um grupo de amigos espirituais. Eles me ajudaram nos altos e baixos de minha jornada.

Agora as penas aparecem de vez em quando. Mas o mais extraordinário é que em meu cartão de visitas há uma pena impressa. Inspirada por um dos pacientes mais jovens da instituição em que trabalho, uma criança de um ano, escrevi um livro infantil, o qual conta a história de um anjinho que vem à terra para espalhar seu amor. Claro que ele é um anjo com asas. Mais uma vez, as penas surgiram em minha trilha com o intuito de me ajudar ao longo da jornada de liberdade pessoal.

•

A Insustentável Leveza das Penas

Deborah Shouse

Quando eu era criança, adorava os pássaros e tinha um amor especial pelas penas. Eu gostava de explorar o gramado, à procura de uma surpresa azul e brilhante. Depois de ler o livro infantil *A Pena do Pica-Pau*, comecei a procurar uma pena mágica que me traria boa sorte, tal qual relatava o conto.

Cheguei a ver vários pica-paus, mas nunca obtive uma pena deles. Num dia quente de verão, eu estava com outras crianças, brincando de pega-pega, quando avistei minha primeira pena de pica-pau. Parei para pegá-la, sem ligar para a zombaria das outras crianças. A conotação mística daquela pena me transportou. Por conseqüência, iniciei minha coleção de penas.

Eu guardava minha coleção numa caixa de presentes da Julius Lewis. A Julius Lewis era uma loja de departamentos elegante de Memphis, e onde minha família conseguiu aquela caixa, eu não sei.

Com freqüência, uma pena exótica surgia em minha coleção: uma pena de pavão que encontrei num arbusto no zoológico, penas de flamingo de uma viagem à Flórida, uma pena de falcão num terreno baldio. Eu não gostava de receber penas das pessoas; preferia encontrá-las. E nunca peguei as penas de um pássaro morto — parecia-me desrespeito.

Ainda tenho minha coleção. Gosto de acariciar minhas penas, sentir o contraste entre a pluma macia e a ponta afiada. Gosto das cores e do brilho.

Mas o que mais adoro em relação às penas é sua leveza. Tenho uma caixa de papelão colorido, onde há penas de gaio, pardal e gaivota, e a caixa, ainda assim, parece vazia. Somente quando ergo a tampa, vivencio a magia e o tesouro que o pequeno compartimento contém.

•

Meditação

FANTASIAS DE PENAS

As penas podem lhe oferecer a sensação do desconhecido, do exótico, do misterioso. O toque delicado cria calafrios em seu corpo e ativa seus sentidos.

Passe algum tempo pensando em fantasias de penas. O que você sempre sonhou fazer — ou sempre sonhou que fosse feito em você — com penas?

Encontre um lugar tranqüilo para essa meditação. Depois de ler cada idéia, feche os olhos e veja as imagens que lhe vêm à mente. Anote as sensações que acompanham as imagens.

Após percorrer todas as idéias, volte a suas favoritas e transforme-as em realidade!

Amostras de fantasias:

- Talvez você queira ter o seu próprio leque de penas.
- Imagine-se deitado numa cama coberta de penas... ou imagine-as caindo e cobrindo seu corpo, enquanto você sente o toque suave das penas.
- Use uma máscara de penas. Você pode comprá-la na época do Carnaval ou criar uma.
- Vista-se com penas: jogue boás em seu pescoço, use uma roupa bordada de penas. Complete o conjunto com brincos de pena, uma tiara ou um chapéu de pena.
- Pendure penas no teto em diferentes alturas. Ou faça um móbile de penas. A mais suave brisa irá movê-las ao ritmo do ar.
- Com um parceiro ou sozinho, experimente uma massagem com penas. Use uma pena de pavão ou outra que seja macia. Tente vários toques: carícia, afago, estímulos...

Convite

Kenneth Ray Stubbs

A chama de uma vela irradia

Um dedo descansa

Uma pena de pavão acaricia

Uma manga amadurece

Uma corrente de água quente se espalha

Braços abraçam

Tornando-se um.

Asas da Liberdade

Nancy Gifford ("Mumtaz")

Como artista, comecei a colecionar penas e asas de pássaros há muitos anos para incorporá-las a minhas obras. Elas me falam de todos os aspectos da liberdade, do político e social ao espiritual.

Por exemplo, tenho uma obra chamada *Paz*, que contém uma antiga prótese de uma mão da I Guerra Mundial. Entre os dedos há uma pena de gaivota.

Uma colecionadora idosa adquiriu outra peça chamada *Libertando o Espírito*. Tempos depois, ela me telefonou para dizer que havia sofrido um enfarte grave e estava doente. Ela pendurou o quadro na parede em frente à cama para que pudesse apreciá-lo constantemente.

— As asas levarão meu espírito para o outro lado — ela disse.

Algumas semanas depois, sua filha telefonou para informar que a mãe havia falecido e confirmou quanto o quadro a confortara nos últimos dias de vida. Ao acordar todas as manhãs, a filha relatou, ela dizia:

— Minhas asas não voaram ainda!

Penas e asas parecem vir até mim quando mais preciso. Durante minha lua-de-mel no Havaí, eu admirava as egretas que passeavam pelo campo. Eram lindas, mas eu não quis suas asas porque isso significaria que uma daquelas criaturas elegantes teria de morrer.

No dia seguinte, enquanto passeávamos pelas colinas, uma egreta voou de encontro ao pára-brisa do carro e morreu na hora. Eu me vi compelida a honrá-la e ainda tenho fotos do momento em que retirei suas asas. Sempre levo comigo uma tesoura. Sinto que os pássaros me abençoam com suas asas para, de alguma forma, serem úteis, em vez de morrerem em vão.

Minha pena favorita é aquela que me foi dada por um rapaz chamado Wolf, um índio Huron e filho de Fred Wahpepah, um ancião estimado. Ele foi o líder espiritual de um workshop que participei, dois anos atrás, em Malibu. Quando me mudei para Londres, ele me deu a pena como símbolo de proteção. Ela ainda está pendurada no espelho retrovisor de meu carro e sempre estará.

Agora moro numa comunidade preservada que se chama Audubon. Um casal de águias vive a poucos metros da casa. Alimentam-se em nosso lago todos os dias. A cada estação, ensinam o filhote a pescar e voar em nosso jardim. O pântano ao lado do lago é o reduto de uma egreta; durante duas semanas na primavera, ela faz um estardalhaço. Pássaros de todos os tipos pescam em nosso lago.

Quando me sento para observá-los, os pássaros ficam atentos a mim e abrem suas asas!

•

Ninho de Penas

Pam Owens

Várias décadas atrás, um jovem médico, que trabalhava num hospital de Indianápolis, correu para atender um chamado de urgência numa área pobre da cidade. Quando chegou, foi recebido à porta por dois rapazes robustos, com um sotaque das montanhas de Ozark. Eles disseram que a irmã estava dando à luz. Ao examiná-la, o médico constatou que, de fato, ela encontrava-se em trabalho de parto e não podia ser removida. Ele pediu aos irmãos que fervessem água, e começou os preparativos para o parto.

Enquanto o jovem médico atendia a futura mamãe, os irmãos entravam a cada minuto para perguntar:

— Já está na hora da pena?

O médico não fazia idéia do que significava aquilo, mas não queria aborrecer os irmãos que, claramente, queriam ter certeza de que a "pena" aconteceria. Cada vez que perguntavam, ele respondia simplesmente:

— Ainda não!

Por fim, sabendo que não conseguiria segurá-los por mais tempo e uma vez que o bebê estava para nascer, ele resolveu conceder. Quando os irmãos apareceram, o médico disse:

— Está na hora.

Um dos irmãos utilizou uma pena para roçar o nariz da irmã. Obviamente, ela espirrou e, de acordo com o bom médico, o bebê nasceu em seguida!

A Pena Mágica de Lynda

Nancy Sena

Minha irmã, Lynda, é um espírito livre. Ela acredita que o universo a ajudará e, portanto, gasta pouca energia com problemas.

Ela dirige um carro de segunda mão há quinze anos e não concebe a idéia de se separar dele. Mesmo no clima tropical da Flórida, Lynda nunca usa o ar-condicionado. Ela diz que não há nada melhor (com exceção de sua filha, Kelly, a quem ela ama incondicionalmente) que sentir o sol em seu rosto e o vento nos cabelos.

Certa noite, nós colocávamos livros e papéis no carro de Lynda. Notei uma pena amarela, verde e azul no console empoeirado entre os dois assentos.

— Para que serve esta pena? — perguntei.

— É do papagaio de Kelly — ela respondeu. — Aquela ave tem uma ligação especial comigo. Essa pena é mágica.

Vários meses depois, tive a oportunidade de olhar o interior do carro novamente. A pena continuava no mesmo lugar.

— Você colou a pena no console? — perguntei.

— Não. — Ela sorriu. — Está sempre comigo. Eu lhe disse, é uma pena mágica!

Sem dúvida, a despeito da ventania que invadia o carro, a pena lá permaneceu por meses a fio.

Quando um dia ela desapareceu, Lynda deu de ombros e concluiu que seus poderes mágicos haviam sido transferidos para alguém que os necessitasse.

Desprenda-se, Voe Livremente

Ron Yeomans

> *A pena azul de* Ilusões *não pensou em se explicar para mim. Apenas observei, enquanto a história se escrevia por si só, por meu intermédio, e não fez perguntas.*
>
> — Richard Bach

Anos atrás, um de meus livros favoritos era *Ilusões* de Richard Bach. A história fala da capacidade de desapegar-se de padrões e limitações, da confiança em nós mesmos para fazer as escolhas certas e do aprendizado do amor incondicional. A certa altura, Richard, o personagem principal do livro, decide atrair uma pena azul, visualizando-a; trata-se de uma "prática" para atrair o que queremos que aconteça em nossas vidas.

A pena apareceu e demonstrou que podemos estar poderosamente ligados ao universo, se nos desprendermos do que *pensamos* saber e deixamos as forças do universo nos guiar à verdade.

Intelectualmente, entendi a mensagem de *Ilusões*, mas precisei de anos para s*e*ntir o que Bach dizia e aplicá-lo a minhas circunstâncias.

Vinte anos depois, penas azuis, de repente, apareceram em minha vida. Um amigo me enviou um cartão — "do nada" — com uma pena azul impressa no papel. Passados alguns dias, encontrei penas de gaio-azul sobre minha mesa, como se tivessem sido colocadas ali de propósito. No mesmo dia, recebi um cartão-postal que descrevia um encontro, cujo tópico era "Sincronicidade: Mensagens do Universo". No cartão havia uma pena azul. Entendi a mensagem, compareci ao encontro e iniciei uma excitante jornada espiritual.

Por que, após tantos anos, as penas azuis entraram em minha vida?, perguntei a mim mesmo. O que elas apontavam? Então, lembrei-me da história de Richard Bach. E comecei a avaliar minha vida.

Percebi que estava preso a velhos pensamentos, conceitos e hábitos. Algo novo tinha de nascer. As penas azuis pediam que me desapegasse, que largasse aquilo que não mais me servia e continuasse a receber e dar amor incondicional, sem julgamentos. Outro livro, *Conversando com Deus*, tornou-se a trilha da liberdade, a qual as penas azuis me convidavam a seguir.

Por ter passado minha infância num ambiente religioso e repressivo, abracei o livro *Conversando com Deus* de mente e coração abertos. Os conceitos foram claros e diretos. Aquele era um Deus com o qual eu podia me identificar, que eu podia amar verdadeiramente e receber dele o mesmo amor em troca.

Estou aprendendo a voar acima das coisas que costumavam me incomodar. Se me vejo regredindo, sendo crítico, logo encontro uma pena azul em algum lugar. Ela é tão eficaz quanto um farol. Traz a mensagem de que devo me olhar no espelho antes de julgar os outros.

Obrigado, minhas amigas penas, por me lembrar da unidade de nosso universo e por serem companheiras em minha trilha para a compreensão. Meu espírito voa com vocês.

Meditação

UM PUNHADO DE PENAS

Hoje de manhã eu caminhei pela praia. Não procurava penas, somente caminhava. Mas as penas estavam lá, úmidas e ao longo da costa. Não poderia ignorá-las, certo? Continuei a recolhê-las... penas de pelicano, de gaivota e até de corvo.

Em pouco tempo, obtive um punhado de penas — o suficiente para encher um vaso, por exemplo. Eu não sabia ao certo o que fazer com as penas, tampouco imaginava que mensagens elas traziam do universo. Pareciam penas "comuns". Porém, nunca encontrei tantas de uma só vez. Meu lado ganancioso forçou-me a guardá-las.

Continuei andando e notei uma mulher recolhendo conchas na praia. Ela carregava uma sacola, na qual jogava as conchas. Mostrei-lhe minhas penas; ela me mostrou suas conchas. Então, nós nos separamos, aumentando nossas respectivas coleções.

Um castelo de areia havia sobrevivido às marés da noite. Senti vontade de fincar minha pena no topo das torres de areia. Afinal, um castelo de areia é a idéia sagrada de uma criança (ou de um adulto!), embora a areia pertença ao mar e não às mãos daquele que o criou.

Pensei nos pássaros que possuíam essas penas. Estamos na primavera. Eles abandonaram aquelas penas para que outras cresçam no lugar. Os pássaros parecem aceitar a noção de mudança e impermanência, com um desprendimento tão libertador quanto seus vôos.

Uma após a outra, deixei as penas caírem de minha mão. A maré da manhã as levaria junto com o castelo de areia. Elas em breve voltariam à terra, tal qual ocorre a todas as coisas. Suas irmãs penas também cairão um dia, quando as mais novas quiserem crescer.

Nesse ínterim, eu me senti leve sem as penas que, instantes atrás, queria manter comigo. Resolvi pegar uma pena de cada vez e deixar que outra pessoa recolha um punhado delas.

O que alivia seu peso e o ajuda a voar? Imagine-se preparando-se para uma longa jornada nas estrelas. O que você levaria para ajudá-lo a voar mais depressa e percorrer uma distância maior? O que você deixaria para trás a fim de aliviar seu peso?

Feche os olhos, fique em silêncio, relaxe as mãos e faça essas perguntas:

1. Para seu eu físico
2. Para seu eu emocional
3. Para seu eu mental
4. Para seu eu espiritual

Dê tempo para que cada uma das respostas apareça no seu próprio ritmo.

Parte Quatro
Onde Há uma Pena, Há um Caminho! Mensagens de Amor, Força e Coragem

•

Lembre-se de Quem Você É

Maril Crabtree

Voltei à praia. A praia sempre foi um lugar especial para mim, um lugar de conexão com o Espírito, um lugar de paz. O infinito murmúrio das ondas do golfo me acalma. É um ambiente sagrado para sentar e ouvir, deixar dúvidas e medos irem-se com a maré. É um local para praticar a quietude, na esperança de chegar ao vazio, que é, paradoxalmente, o espaço de completude.

Hoje o sol se esconde atrás das nuvens. Até as ondas parecem sem ânimo; nem transeuntes e catadores de conchas caminham pela areia. Fico logo irrequieta. Preciso de um sinal para saber se o universo está me ouvindo com a mesma profundidade que eu o escuto. Em estado meditativo, pego meu diário e espero que a caneta comece a se mover. Então, ela escreve: *Você saberá quando for a hora. Por enquanto, continue sentada e escutando. Tenha fé, seja verdadeira e diga não às dúvidas. Assim, você será simplesmente sincera consigo mesma. Lembre-se de quem você é. Seu ser é lindo. Conecte-se. Continue conectada.*

Fecho o diário e caminho lentamente sobre a areia. Eu havia pedido um sinal, e o sinal especial para mim é sempre uma bela pena em meu caminho. Mas está ventando — ventando tanto que as pessoas desistiram da praia. Há algumas, além de mim, que permanecem sentadas ou andando contra o vento de cabeça baixa para evitar areia nos olhos. Como as penas conseguirão pousar com esse vento?

Finalmente, vejo uma pena desgastada e a pego. Obrigada, universo — vou levá-la, mesmo que ela não faça parte de seus padrões prístinos! Contente, continuo andando, com a intenção de sair da praia, já que consegui meu sinal.

Noto uma caneta esferográfica fincada na areia. Que estranho... Talvez a caneta também seja um sinal para eu continuar registrando meu trajeto. Abaixo-me para pegá-la e reparo nas pequenas conchas sobre a areia. Lá, meio enterrada nos grãos de areia, está uma bela e enorme pena. Em seguida, vejo uma segunda pena a poucos centímetros da primeira, balançando com o vento e ancorada por algumas conchas.

— Certo. Já entendi a mensagem sobre dizer não às dúvidas — digo ao universo.

E, de repente, ouço a réplica.

— Jamais duvide do que podemos prover para você. Tudo que deseja está a seu alcance. Fique aberta e deixe a barreira da dúvida desaparecer! Esteja certa de que trevas e dúvidas retornarão à luz. Permita que o aprendizado do amor esteja em seu caminho. O amor que você busca é seu — nasceu com você. Ame quem você é e quem você foi. Esse é o verdadeiro significado das penas que enviamos!

•

Penas Bíblicas

Do Gênesis ao Apocalipse, a Bíblia é repleta de imagens de pássaros, asas e penas. Eis aqui algumas passagens:

- Disse também Deus: Produzam as águas enxames de seres viventes, e voem as aves acima da terra no firmamento do céu... Deus os abençoou, dizendo: Frutificai, multiplicai-vos e enchei as águas nos mares, e multipliquem-se as aves sobre a terra.
(Gên. 1:20-22)
- Esperou ainda outros sete dias, e de novo soltou a pomba para fora da arca. À tarde a pomba voltou para ele, e havia no seu bico uma folha verde de oliveira: assim soube Noé que as águas tinham minguado de sobre a terra.
(Gên. 8:10-11)
- Como uma águia que desperta o seu ninho, que adeja sobre seus filhos, Ele estendeu as suas asas, os tomou, os levou sobre suas asas. Só Jeová o conduziu, e não havia com ele deus estranho.
(Deut. 32:11-12)
- Acaso se eleva o falcão pela tua sabedoria, e estende as suas asas para o sul? Porventura se remonta a águia ao teu mandado, e põe no alto o seu ninho?
(Jó 39:26-27)
- Quão preciosa é a tua benignidade, ó Deus! Os filhos dos homens refugiam-se debaixo da sombra das tuas asas.
(Salmo 36:7)

- Disse eu: Oxalá que eu tivesse asas, como pomba! Então voaria e descansaria.
(Salmo 55:6)
- Habitarei no teu tabernáculo para sempre, buscarei refúgio no esconderijo das tuas asas.
(Salmo 61:4)
- Embora vos deiteis entre as cercas dos apriscos, sois como as asas da pomba, cobertas de prata, cujas penas maiores o são de ouro amarelo.
(Salmo 68:13)
- Pois ele me livrará do laço do passarinheiro, e da peste perniciosa. Cobrir-te-á com suas penas, e sob as suas asas encontrarás refúgio...
(Salmo 91:3-4)
- Se eu tomar as asas da alva, e habitar nas extremidades do mar; ainda lá me guiará a tua mão, e me susterá a tua destra.
(Salmo 139:9-10)
- Queres pôr os teus olhos naquilo que não é? Pois sem dúvida as riquezas fazem para si asas, como a águia que voa para o céu.
(Prov. 23:5)
- Porém, os que esperam em Jeová renovarão as suas forças; subirão com asas como águias; correrão, e não se cansarão; andarão, e não desfalecerão.
(Isaías 40:31)
- Mas para vós, os que temeis o meu nome, nascerá o sol da justiça, trazendo curas nas suas asas.
(Mal. 4:2)
- Olhai para as aves do céu, que não semeiam, nem ceifam, nem ajuntam em celeiros, e vosso Pai celestial as alimenta.
(Mat. 6:26)

- Respondeu-lhe Jesus: As raposas têm covis, e as aves do céu pousos; mas o Filho do homem não tem onde reclinar a cabeça.
  (Mat. 8:20)
- Logo ao sair da água, viu os céus se abrirem e o Espírito como uma pomba descer sobre ele.
  (Marcos 1:10)
- Não se vendem cinco passarinhos por dois asses? E nem um deles está esquecido diante de Deus.
  (Lucas 12:6)
- As quatro criaturas, tendo cada uma delas seis asas, são cheias de olhos ao redor e por dentro. Não têm descanso dia e noite, dizendo: Santo, santo, santo, é o Senhor Deus, o Todo-Poderoso, o que era, o que é e o que há de vir.
  (Apoc. 4:8)

•

Pena Herdada

Carolyn Lewis King

Achar uma pena diante de sua casa pode não parecer um milagre, mas o momento em que encontrei minha pena especial ainda continua vivo em minha memória.

    Primeiro, você tem de entender que o jardim de minha casa, tal qual todos os jardins da pequena cidade de Oklahoma em que eu morava, era um terreno árido. Nada crescia nesse jardim. Os bolsões de gás no subsolo, embora não sejam consideráveis para produzir resíduos, tornam a terra imprópria para a maioria das plantas. O vento de Oklahoma, as chuvas irregulares e o clima rigoroso mantinham nosso jardim inóspito.

    Outra coisa que você precisa saber é que, por parte de mãe, sou membro do Clã do Pássaro, da tribo Muscogee Creek. Quando criança, eu vasculhava os céus à procura de uma águia ou um falcão, esperando ser abençoada por uma pena. Sempre soube que os pássaros e suas penas eram considerados sagrados e importantes para práticas antigas do Clã.

    Minha mãe foi criada como cristã. Meu pai, também um Muscogee Creek de sangue, recusou-se a aceitar o cristianismo. Ele insistia em seguir a velha tradição — os caminhos espirituais da natureza e cerimônias religiosas que foram transmitidas de geração a geração pela tribo. Cresci comparecendo a rituais cristãos com minha mãe e também aprendendo acerca da natureza e das cerimônias tribais com a família de meu pai. Mas, embora eu respeitasse a velha tradição, nunca me liguei pessoalmente a ela.

Casei-me e formei minha própria família. Morávamos numa casa, construída sobre 160 acres que foram doados à família de meu marido cem anos atrás, quando nossa tribo foi obrigada a mudar-se do Alabama.

A porta de nossa casa está localizada a leste, na posição do nascer do sol e, segundo a tradição indígena, é a direção de novos começos, renascimento e renovação. A cada manhã, quando eu saía de casa para conduzir a perua escolar, entoava uma prece que a família de meu pai me ensinara. Dirigir um veículo repleto de crianças era uma grande responsabilidade, e eu sempre me sentia um pouco ansiosa. Minha reza era simples: que o dia seja bom e que cheguemos a salvo a nosso destino. Os dias quentes de agosto se passaram, um após o outro, e jamais fiquei sabendo se minhas preces faziam alguma diferença.

Certa manhã, eu me sentia mais ansiosa que o normal, pois estava atrasada. Fiz a prece rapidamente, entrei na perua e manobrei-a, impaciente.

Foi nesse momento que a pena surgiu, um tesouro reluzente no meio do jardim árido. Em princípio, o jardim era o mesmo de sempre, e, de repente, ele oferecia aquela linda pena, um presente dos céus. Sem conter a alegria, saí do carro, peguei-a e segurei-a com as duas mãos. Ela era, para mim, um símbolo de respeito à natureza e de contínua reverência às tradições tão fortes e sagradas.

Pela primeira vez, recebi uma mensagem direta daquele poder. A pena me garantiu que minha família — meus filhos e os filhos deles — teria acesso ao Espírito ao fortalecer nossas relações com a natureza.

A pena ainda está comigo. Eu a guardo num lugar especial. Ela tem sido usada para abençoar minha casa e a morada de outros. Meus filhos a usaram em peças da escola (meu neto de sete anos foi o último membro da família a usá-la na escola). A pena ocupa um lugar de honra no coração deles e no meu. Ela é mais que uma herança de família, como uma jóia ou móvel. A pena me lembra de que nossa família se estende através do tempo e nas quatro direções, até onde a vista alcança, e é tão vasta quanto o coração.

•

Pena Mágica

Robert M. "Bob" Anderson

No final dos anos 80, eu vivia uma difícil crise de identidade. Meu primeiro casamento havia terminado. Eu morava numa pequena cidade rural da Luisiana e tentava angariar energia para recomeçar. Minha vida profissional estava em revolução; minha vida pessoal estava um desastre. Nada parecia promissor no horizonte, e eu sofria de uma grave depressão. Foi quando minha primeira experiência com as penas aconteceu.

Parte da rotina, a despeito da depressão, era correr quatro quilômetros por dia. Eu percorria uma estrada de terra, começando por minha casa. Antes do exercício, sempre demarcava a linha de partida e chegada em frente à casa. A estrada, em geral, permanecia deserta. Ao longo do trajeto, pinheiros e carvalhos bordejavam a estrada. Havia também uma pequena área pantanosa, onde eu via, às vezes, egretas, garças e outras aves aquáticas.

Naquele dia em particular, eu corria porque não sabia o que mais podia fazer. O ritmo constante, porém, não espantava meus demônios. Ainda me sentia deprimido e perdido. Lágrimas rolavam sobre meu rosto enquanto eu corria. Nem sequer notava a beleza natural da estrada. Ocasionalmente, escutava o canto de pássaros; eles pareciam zombar de minhas lágrimas e de minha solidão. Na metade do trajeto, lembro-me de ter pensado: "Eu gostaria de que algo mágico acontecesse em minha vida".

O livro de Richard Bach, *Ilusões*, surgiu em minha mente. Eu o tinha lido dois anos antes e a história me tocara profundamente. Decidi "magnetizar" uma pena azul. Seguindo as instruções do livro, fechei os olhos, visualizei a pena em minha mão e a cobri com uma luz dourada. Em seguida, esvaziei a mente e corri e corri e corri.

Quando terminei o exercício, sentia-me voando. Ao cruzar a linha de "partida/chegada" que marquei na terra, quase desfaleci. Havia uma pena sobre a marca!

Permaneci parado por alguns minutos, observando a pena no solo. Quando a peguei, fiquei chocado novamente — nunca tinha visto uma pena como aquela. Era de um azul brilhante. O lado reverso era dourado.

Vários meses depois, eu estava ensinando caratê perto de uma loja de animais. No intervalo, entrei na loja e vi uma arara. Então, percebi que a pena que eu havia magnetizado naquele dia pertencera a uma arara — uma ave que eu jamais vira.

Sei que muitas coisas podem ser explicadas, mas deixo que você calcule a probabilidade de uma arara derrubar uma pena azul na região rural da Luisiana justamente no dia em que resolvi magnetizar uma pena dessa cor.

Vivemos num mundo onde há poucos heróis, nenhuma magia, nenhum encantamento e, para muitos, nenhum futuro. Naquele dia, a mágica do universo aconteceu para mim. Somente para mim. Não posso negar o fato e nunca o esquecerei. A mensagem era simples: a magia existe. Não se pode explicá-la ou controlá-la. Do contrário, não seria magia; seria ciência.

A pena azul é um lembrete tangível do que não posso ver, imaginar ou entender. Sou policial e acredito em provas. A pena azul para mim é mágica, traz boa sorte, forças positivas e evidência. Permite-me ir a um lugar do qual necessito e me lembra do que preciso saber.

•

Ritual

RESPIRE COM A PENA

Agradeço a minha amiga Saphira, que sugeriu este ritual.

- Decida que intenção você quer inserir no universo.
- Pegue uma pena (quanto maior, melhor) e limpe a ponta que se liga ao pássaro (a parte utilizada para fazer uma caneta-tinteiro).
- Segure a pena pela extremidade e aproxime-a de seus lábios. Encha o pequeno tubo com sua intenção ao assoprá-lo várias vezes, enquanto mentaliza seu desejo. Exemplo: "Estou repleto de coragem/amor/compreensão tal qual esta pena que está absorvendo minha respiração".

Você também pode fazer o contrário, liberando algo que não quer ou não precisa em sua vida, ao assoprar a extremidade da pena. Exemplo: "Estou liberando minha raiva/ódio/medo ao encher esta pena com minha respiração.
- Feche os olhos e concentre-se no que você quer, enquanto mantém a pena na palma da mão. Irradie sua energia para a pena, assim como sua intenção.
- Quando sentir que a mensagem foi recebida, agradeça à pena, que foi seu instrumento de desejo.
- Se quiser, coloque a pena num local proeminente, onde estará visível a você para que se lembre de sua intenção. Ou você pode colocar a pena num de seus locais favoritos e deixar que ela faça o trabalho de lá.

•

Uma Dádiva de Amor

Aweisle Epstein

Um campo de penas por uma briga de amor.
— Luis de Góngora y Argote, *Soledad, I*

Tratava-se de um retiro meditativo de três meses, com mais de cem pessoas, nas colinas das Sierras da Califórnia. Meu noivo estava presente, mas participava de outro programa. Depois de ele ter passado seis semanas em treinamento, ávida de saudade, resolvi me juntar a ele até o final do curso.

Embora suas atividades fossem diferentes das minhas, conseguíamos nos encontrar durante as refeições. Em vários momentos, ele parecia me evitar e mostrava-se encantado com outra mulher, a qual era mais alta e mais magra que eu. Ela sorria com ardor e seus olhos brilhavam sempre que o fitavam. Tive a impressão de que ambos se sentavam juntos durante as refeições, e eu os via caminhar em direção à floresta nos intervalos.

Se, por acaso (ou não), eu o encontrava sozinho, ele parecia reticente — ou não se mostrava disponível para falar comigo —, algo que contrastava com o brilho suave que iluminava sua face quando ele ficava com ela.

Foi uma provação para a qual eu não estava preparada. Passei a vida esperando aquele homem. Desde o primeiro encontro, nossas almas pareceram se atrair e se fundir numa pequena nuvem branca. Estávamos no mesmo caminho espiritual. Declaramos nosso amor e fizemos planos para o futuro, como ter filhos e passar o resto da vida juntos.

Em poucos dias, eu me vi aos prantos na privacidade de meu quarto. Queria muito conversar com ele, mas meu noivo parecia inacessível. Quanto mais eu tentava alcançá-lo, mais ele se distanciava.

Na tentativa de inventar desculpas para vê-lo, deixei o seguinte bilhete na sua porta: "Pode me emprestar seu *I Ching*?". Ele pediu para que outra pessoa levasse o livro até mim. Escrevi outro bilhete: "Podemos nos ver durante meia hora antes do jantar?". Sua resposta: "Estou ocupado demais com o curso. Entregue o livro a Bob" (um de seus professores).

Então, um dia, enquanto eu meditava em meu quarto, alguém jogou um bilhete sob a porta. Logo reconheci a elegante caligrafia. "Eu passeava pela mata, pedindo a Deus um sinal de Seu amor... e elas caíram a meus pés. Achei que você apreciaria o simbolismo".

Dentro do envelope encontrei duas penas macias, no centro das quais havia um coração negro, tal qual as penas de uma coruja (nós não sabíamos na época, mas as corujas são companheiros fiéis e dedicados).

Um ano depois, nós nos casamos, e já faz vinte e três anos que estamos juntos.

•

Penas e Pedras

Maril Crabtree

Como uma pedra que afunda
Até o fundo de minha alma.
O "desvalor" lá reside.
Como uma pedra que assenta
No meio do meu coração.
O "desvalor" lá permanece.

Lá vem a pena
Flutuando em direção à pedra.
O "sagrado" clama.
Lá vem a pena
Para nutrir a pedra antiga.
O "sagrado" lá fala.

Modele a pedra com a pena:
Beleza de completude.
Modele a pedra com a pena:
Nasce o amor com ousadia.

Modele a pedra com a pena:
O verdadeiro "eu" se desvela.

Corvo Curador

Gaylen Ariel

Não são apenas as melhores penas que formam os melhores pássaros.
— Esopo

Em meados de 1990, passei uma temporada nas montanhas, recuperando-me de um grave acidente. A Mãe Terra jamais falhou comigo quando abri meu coração a ela, e esse momento crucial não foi exceção.

Eu lia, na época, um livro sobre o poder curativo dos corvos, e notei que a cada dia um grupo de corvos sobrevoava a região em que eu estava. Gradualmente, compreendi que estaria protegida pelo corvo enquanto precisasse.

Um pouco antes de eu voltar para casa, vi uma pena de corvo em frente à residência de meu amigo, onde eu me hospedava. "Que presente bonito... Que bela coincidência", pensei. Contei a meus amigos e eles não acreditaram que a pena pudesse significar alguma coisa.

Mas quando nos dirigimos ao aeroporto, dias depois, mudamos de opinião. Um de meus amigos parou no estacionamento. Permaneci sentada, enquanto ele caminhava para a porta do passageiro. Em vez de me ajudar a descer do carro, ele me pediu que abrisse a janela. Quando o fiz, ele me presenteou com uma pena de corvo que encontrou ao lado da porta.

— Outra coincidência? — Ele sorriu.
— Não quero falar sobre isso — eu disse.

Em casa, mantive as penas de corvo comigo a fim de adquirir calma e proteção. Semanas depois, fui à caixa do correio para recolher minha correspondência. Quando abri a caixa, um corvo voou de dentro dela. Sim, um corvo vivo!

Já vi muitas coisas que me fogem à compreensão, mas encontrar um corvo dentro da caixa do correio foi excepcional. Fiquei paralisada por alguns instantes, com o coração em disparada. Quando, enfim, peguei a correspondência, avistei outra pena.

Devo acrescentar outro incidente com um corvo. Após terminar esta história, percebi que a tinta da impressora havia terminado. Saí para comprar outra.

Eu os escutei antes de vê-los. Uma cacofonia alucinada de gritos me fez olhar para cima. Havia, no mínimo, uns sessenta corvos sobrevoando minha cabeça. Surpreendente, não?

Sempre guardarei com carinho minhas penas de corvo e agradecerei pela proteção que senti durante um período difícil de minha vida. Desde esse dia, quando olho para baixo e vejo uma pena, eu digo:

— Obrigada pelo presente!

•

A História do Cisne

Antoinette Botsford

Meu avô pertencia ao Clã Athabaskan/Beaver por parte de mãe, e era um mestiço franco-canadense por parte de pai. Foi criado como um católico e sabia muito pouco acerca de suas tradições ancestrais. Como a maioria dos jovens de origem indígena, ele se deixou seduzir pelos espíritos da garrafa em tenra idade e sucumbiu às causas do alcoolismo antes que eu o conhecesse. Mas, enquanto eu crescia, fiquei mais e mais curiosa em relação a nossa origem mestiça.

Soube que, tradicionalmente, o povo de meu avô tinha um rito especial de amadurecimento que envolvia algo que seria traduzido como "a Ordem do Cisne".

O poder do cisne, de acordo com o conhecimento tribal, era particularmente útil a homens e mulheres que realizavam sua transição entre a infância e a vida adulta. Os atributos do cisne contribuíam para que fizessem essa transição tornando-se membros responsáveis da tribo: os cisnes são leais a seus companheiros, voam em grupo, voltam sempre aos mesmos lagos em certas épocas do ano, trompeteiam quando necessário, mas são silenciosos e nadam durante horas em água fria (um ritual de purificação entre muitos povos indígenas).

Cada jovem, segundo o que eu soube, que superou os "obstáculos" de se tornar adulto, possui uma pena de cisne amarrada a seu local de dormir. Talvez ter uma pena de cisne e ser um "filho do cisne" ajude as pessoas a manter um equilíbrio para enfrentar a vida.

Pensando em tudo isso, saí para caminhar, numa tarde de dezembro, com meu marido à beira de um lago, não muito longe de nossa casa. Oito cisnes haviam chegado do Canadá para tornar aquele lago seu refúgio de inverno.

"Seria maravilhoso ter uma pena de cisne em homenagem ao povo de meu avô", pensei. E ali, sobre a água gélida do lago, uma pena de cisne flutuava!

Contudo, ela encontrava-se longe da margem e o dia estava frio demais para se pensar em um mergulho.

— Você quer aquela pena? — meu marido perguntou.
— Quero, sim.
— Vou pegá-la para você.
— Não. Você ficará doente por causa do frio.
— Observe — ele disse.

Meu marido pegou uma pedra e a atirou na água. A pedra caiu no lago e, claro, criou vários anéis na superfície. O impacto da pedra fez a água mover-se e empurrar a pena até as proximidades da margem. Ele jogou outra pedra, e a pena aproximou-se o suficiente para que ele pudesse pegá-la.

É necessário dizer que esta pena é a mais preciosa de minha coleção?

•

Anjo da Estrada

Kara Ciel Black

Minha amiga Melissa e eu decidimos viver uma grande aventura — uma viagem de bicicleta de minha casa, em Seattle, a São Francisco. Não tivemos nenhum infortúnio enquanto atravessávamos o Estado de Washington. Tanto as estradas quanto os motoristas respeitavam os ciclistas. Pedalamos o dia todo, passando pelas florestas de Cascades e acampamos à noite.

Mas tudo mudou quando chegamos à Califórnia. Às vezes, os motoristas tentavam nos jogar para fora da rodovia de propósito. Os acostamentos eram estreitos, esburacados e em declive. Nossa aventura transformou-se em tensão e ansiedade, enquanto nos protegíamos de veículos que pareciam determinados a nos atropelar.

Quando subimos uma colina, a viagem tornou-se um pesadelo. Atravessamos uma ponte sobre um rio. Eu pedalava na frente, com Melissa a poucos metros, ainda lutando para percorrer a elevação. Ao olhar a minha direita, nada me separava da queda, a não ser o acostamento estreito e uma amurada de cerca de sessenta centímetros. De repente, um caminhão gigantesco surgiu na estrada, passou por nós e, logo em seguida, parou no acostamento. O tráfego intenso não nos permitiria ultrapassar o caminhão.

Em pânico, breequei a bicicleta. Sabia que tinha apenas três escolhas: (1) virar à direita e cair no precipício, pois a amurada não me ampararia; (2) colidir com a traseira do caminhão, o que resultaria em graves ferimentos; (3) frear a bicicleta antes que me estatelasse na traseira do caminhão.

No último segundo, minha bicicleta parou a poucos centímetros do caminhão. No mesmo instante, o caminhão retornou à estrada. O motorista tivera sua parcela de diversão e nem sequer perdeu tempo para saber se estávamos bem.

Eu ainda tremia na bicicleta quando Melissa me alcançou. Ela havia testemunhado tudo e estava trêmula também — de raiva e medo. Ela se aproximou e me abraçou, quando as lágrimas de alívio e revolta finalmente surgiram.

Então, o estranho, ao qual me refiro como meu "anjo da estrada", parou no acostamento. Ele desceu do carro, apressado. Parecia ter visto todo o ocorrido.

— Vocês estão bem? — ele perguntou, preocupado. Os intensos olhos castanhos transmitiam afeto e os cabelos negros estavam presos num rabo-de-cavalo. A pele bronzeada indicava que o homem passava muito tempo ao ar livre, cumprindo suas tarefas.

Nós o asseguramos de que estávamos bem, mas ele pôde ver que nos sentíamos abaladas emocionalmente, pois não parávamos de falar.

— Moro à beira do rio — ele disse. — Gostariam de descansar um pouco e tomar uma xícara de chá?

Sem hesitação, nós aceitamos. Sabíamos que, de alguma forma, poderíamos confiar naquele estranho. Ele pegou nossas bicicletas e colocou-as na carroceria de sua caminhonete. Nós nos sentamos na frente e, em poucos minutos, descemos o precipício até a casa, que era, como ele dissera, à beira do rio.

Embora pequena, a residência transmitia paz e tranqüilidade. Ele insistiu que descansássemos enquanto preparava o chá. Saímos para o terraço e admiramos o rio e a mata que o rodeava. Aos poucos, o medo e a raiva desapareceram e comecei a voltar ao normal.

Algumas horas depois, resolvemos partir.

— Antes de irem, quero lhes dar uma coisa. — O homem desapareceu dentro da casa e voltou com um objeto em cada mão. — São feixes de cura. Eu mesmo os fiz. Eles as protegerão até o final da viagem.

O feixe de cura era composto por três sacos de couro, amarrados com um barbante. Várias penas coloridas estavam penduradas ao feixe, cada uma de um pássaro diferente. Ele nos disse que tirara as penas de pássaros mortos que encontrara na estrada e, depois de purificá-los e abençoá-los, os honrara com um enterro adequado. Ele apontou os vários tipos de penas e explicou a energia espiritual de cada uma.

As penas voavam com a brisa e, com o movimento, pareciam assegurar que os espíritos dos pássaros nos observavam para impedir que também acabássemos mortas na estrada. Realizamos o resto da viagem em total segurança.

Ao chegar em casa, pendurei o feixe de cura na porta, onde as penas movem-se cada vez que alguém entra ou sai. É uma graciosa lembrança da hospitalidade de um estranho e uma bênção constante e protetora em minha vida.

•

Espaço Interior

Mary-Lane Kamberg

Lutando para ser comum, eu
rodopio como uma pena
numa órbita eclética
de trajetos ao banco e ao mercado
e infindáveis sessões domésticas.
Minha vida é cozinhar,
guardar objetos
em lugares abarrotados de coisas.
Encaro a parede
e em minha mente escrevo poemas
que durarão tanto quanto a memória.

Uma Pena de Cada Vez

Kimball C. Brooks

*A "esperança" é como as penas,
que pousam na alma.*

— Emily Dickinson

Era primavera e eu estava internado num centro de reabilitação para alcoólicos. Fazia uma semana que havia chegado e sentia-me apavorado, sozinho e confuso. Não conseguia conceber a possibilidade de nunca mais beber. Disseram-me que eu tinha de mudar totalmente o meu jeito de encarar a vida. Várias vezes, escutei que eu deveria modificar minha atitude e encontrar um Deus que me compreendesse.

Havia um imenso lago no centro. Era o lar de várias famílias de gansos. Todos os dias, durante nosso tempo livre, eu caminhava à beira do lago e tentava entender o que me acontecia. Eu me sentia atraído pelo lago, embora não soubesse por quê. Meu coração estava tão carregado e cheio de medo que seria incapaz de mudar alguma coisa em minha vida.

Um dia, enquanto eu andava à beira do lago, avistei uma pena. A ponta da pena era preta. Gradualmente, ela tornava-se cinza e depois, branca até chegar à outra extremidade.

De repente, um novo pensamento me ocorreu: "Talvez eu não precise mudar abruptamente. Como a pena, eu poderia passar do preto ao branco lenta e gradualmente". Pela primeira vez, entendi o conceito que eu escutara sem parar, a base de todas as instituições de reabilitação — um dia de cada vez. Pela primeira vez, senti a esperança de que eu poderia mudar e aceitar a vida sem a bebida.

Ainda tenho a pena que encontrei. O fundamento "um dia de cada vez" já se transformou em quinze anos, e minha alma está tão em paz quanto a base branca da pena.

●

Meditação

UM PRESENTE INESPERADO

Minha amiga Deborah e eu caminhamos juntas sempre que possível. Hoje fizemos uma daquelas caminhadas sem rumo, um passeio em que cada passo atravessa um novo terreno, uma nova experiência.

Enquanto andávamos, nós conversávamos. Deixamos que nossas vidas se revelassem de maneira inesperada. A caminhada transformou-se numa jornada ao desconhecido, encontrando respostas para perguntas que ainda não existiam e vendo tudo por um outro prisma.

Ao final do passeio, nós nos dirigimos à casa de Deborah. Ela tomou a frente para abrir a porta. Enquanto eu a seguia, olhei para baixo e vi uma pena marrom na calçada.

O outro lado da pena parecia tão marrom quanto o primeiro, mas havia diferenças. A cor era mais leve, brilhante e uniforme.

Virando a pena diversas vezes, notei dúzias de diferenças sutis em ambos os lados. Nunca havia parado para examinar uma pena, como também não costumo examinar minha vida sob várias perspectivas. O mesmo, porém diferente: o surpreendente presente do inesperado estava lá o tempo todo.

Contudo, quando o universo me mostra algo sofrido e desagradável, não vejo o fato como um presente bem-vindo. Minha reação imediata é olhar apenas um lado, aquele que se apresenta, e sinto-me com as asas cortadas e o coração pesado.

Leva tempo — às vezes muito tempo — para observar o outro lado, buscar os significados ocultos, encontrar os presentes secretos que surgiram em minha vida. Em lugar disso, escondo minha cabeça sob a asa e caminho cabisbaixa, esquecendo que ainda posso voar e me elevar para outro lugar e para outra perspectiva. Do alto da montanha, o pedrisco se sente uma rocha; do ar, o mesmo pedrisco é quase indistinguível.

Estou aprendendo a ver o poder do desconhecido, do oculto, de aspectos da vida que nem sempre seguem as leis da razão, da lógica, mas vagam através de várias voltas e giros. Tudo tem um outro lado. Os pássaros não poderiam voar sem os dois lados das asas; tampouco nós poderíamos. Estou aprendendo a apreciar a beleza de *ambos* os lados.

- Escolha um objeto familiar que você usa ou vê todos os dias, seja de sua casa ou de seu jardim; algo que seja pequeno o bastante para caber em sua mão. Encontre um local confortável para se sentar com o objeto.
- Feche os olhos e imagine-se com uma visão de raios X; veja através do objeto, notando suas diferentes cores e sob diferentes ângulos.
- Abra os olhos e observe o objeto dessa nova perspectiva. Repare em tudo que você nunca reparou: textura, odor, como você sente as formas. Deixe que o objeto o guie a outros detalhes.
- Pense numa época de seu passado, quando algo triste ou desagradável aconteceu. Da perspectiva do momento atual, que presentes inesperados emergiram?
- Agora feche os olhos e projete-se para dez anos à frente. Da perspectiva desse "futuro", que outros presentes você vê?

•

A Cura da Águia

Maya Trace Borhani

O dia se foi, e a escuridão
Cai das asas da Noite,
Como uma pena que se desprende
De uma águia em vôo.

— Henry W. Longfellow, "O Dia se Foi"

As penas com freqüência marcam o caminho quando a transformação está prestes a acontecer, flutuando em outros domínios. Precursoras de lembranças e intuição, símbolos de transformação e renascimento, esses presentes acontecem quando o espírito se manifesta, lembrando-me das formas sagradas de cura.

Moro numa ilha na costa do Estado de Washington, onde estou rodeada pelo mar e por um suntuoso viveiro de pássaros selvagens. Garça e martim-pescador, águia-pescadora e cormorão habitam as praias, o céu e as cascatas da ilha. Costumo passar horas no topo de uma rocha, observando um ninho de águia e contemplando o vôo dos pais atenciosos. O mar esverdeado encontra-se logo abaixo, repleto de vida e sustentando aquele lugar.

Certa noite, durante o verão, subi uma montanha sinuosa a fim de atingir o círculo de pedras que jazia em seu cume. Tendo Cascades a leste, as montanhas Olympic ao sul e a silhueta do Canadá a oeste, eu me encontrava no topo de meu mundo visível e apreciava sua soberania. Mas, dessa vez, eu havia feito aquela caminhada tão familiar para me despedir; a vida me afastava de meu lar e do santuário que aquela ilha se tornara para mim.

Antes de dar o último passo para atingir o topo, olhei na direção do oeste, sob o magnífico luar. Uma pena brilhante chamou minha atenção. Tropeçando e escorregando nas pedras, alcancei a pequena pena e peguei-a.

Ricamente decorada de branco e marrom, ela possuía o desenho de um arco em seu centro. Aquela foi minha primeira pena de águia, um símbolo de poder numa época de transição e mudança; um sinal para seguir em frente, confiar na jornada, dar o próximo passo. Durante toda a noite, sob o luar de verão, a pena coroou o altar no pico da montanha, onde dormi.

Agora, após a longa jornada, estou de volta à ilha. Mudanças e transformações têm sido minhas companheiras, e voltei a meu lar, sem saber ao certo que forças misteriosas guiam minha vida. Caminho entre o passado e o presente, em direção ao futuro, ao desconhecido. A terra, os elementos e a respiração da vida me carregam.

Ao percorrer a floresta, acabo parando à beira de um despenhadeiro sobre a água. O vento do inverno estava tão violento quanto a maré que colidia com as pedras e o sol que aquecia meu rosto. Eu chegara àquele dia tempestuoso para enterrar o que restava de um relacionamento amoroso. Queria sentar e meditar, contemplar as ondas turbulentas, uma raridade naquela região de águas serenas. Continuei a caminhar à beira do despenhadeiro, à procura de um nicho entre as pedras que me protegeria do vento. Enfim, achei uma fenda onde eu poderia me aninhar e receber o calor do sol.

O ritmo constante das ondas dominou meu pensamento. Deitei-me sobre a pedra que me abraçava e liberei as lágrimas. Queria me libertar dos laços que me prendiam aos símbolos do amor, para soltar o que engaiolava minha capacidade de amar.

Não eram lágrimas de tristeza, mas sim de purificação, reconhecimento, bênção e renovação. Lembranças de um homem, de um amor que eu, de alguma forma, jamais esquecerei; fatos que aconteceram entre nós dançavam em minha mente.

Eu sobrevivera ao tempo que tudo cura. Senti nascer uma deliciosa sensação da experiência, o impenetrável mistério do paradoxo, e essa dádiva da vida sobre a terra. Eu sabia que a alegria era suprema, que mesmo a perda e o sofrimento deviam ser deixados de lado para adentrar a beleza para a qual nascemos.

Era hora de ir. Eu havia feito o que fora preciso. Levantei-me para descer. A trilha seguia pela encosta, na extremidade oposta ao desfiladeiro. Mas alguma força misteriosa me compeliu a subir a rocha, em direção ao limite da floresta.

No pico da rocha, vi a meus pés uma pena em meio ao musgo. Abaixei-me e peguei-a. Reconheci seu formato e sua cor. A cura da águia, que inicialmente ajudou-me a partir, agora era um símbolo da soberania de mim mesma, solidária a meu pedido. Ajoelhei-me sobre o musgo e chorei e ri pela certeza de que, ao me liberar, eu não iria cair, mas sim voar — ou, ao menos, flutuar!

Uma voz interior, aquela que escutei a meu redor nos galhos e na brisa, disse:

— Com a compreensão vem a sabedoria e os tesouros da terra para marcarem nosso caminho. Fique atenta. Note o que está a sua volta. Veja tudo que você é e sente em cada peça da natureza que a rodeia. Seja única.

Se os Pássaros Podem Voar...

Marty Peach

Por anos a fio, para camuflar meu pavor de voar, eu ingeria várias doses de bebida alcoólica antes e durante os vôos. Eu precisava ficar entorpecida para conseguir voar. Antes de aceitar meu alcoolismo e buscar ajuda, matei uma grande quantidade de células cerebrais tanto na terra quanto no ar.

Permaneci abstêmia por cerca de cinco anos antes de adquirir coragem para entrar num avião sem beber. Uma vez que o álcool não mais fazia parte de minha vida, eu tinha de voar sóbria e sozinha!

O maior teste aconteceu quando me preparava para uma viagem à Índia. Conhecer aquela terra vasta e misteriosa sempre fora meu sonho, mas não sabia se suportaria tantas horas de vôo. Para aumentar meu estresse, receava deixar minhas três cacatuas com uma amiga. Minha "família de penas" representara um importante papel em minha recuperação. Aquelas aves lindas me haviam dado horas de extrema alegria, e eu me afeiçoara a elas, tal qual as pessoas fazem com cachorros ou gatos.

Chorei a caminho do aeroporto e ao me postar na fila do balcão de embarque. As dúvidas e o medo já haviam se instalado. Sentia-me ansiosa e sozinha. Como eu agüentaria aquele vôo monumental sem a ajuda do álcool? Estava determinada a ir, mas ao pensar no que teria de enfrentar, todo o meu interior estremecia.

Enfim, chegou minha vez de apresentar a passagem no balcão. Quando abri a bolsa para pegar o bilhete, uma pena cor de pêssego caiu. Soube, no mesmo instante, que ela pertencia a uma das minhas cacatuas, chamada Pêssego. Porém, não fazia idéia de como a pena fora parar em minha bolsa.

Enquanto a pena flutuava em direção ao balcão, uma maravilhosa sensação de paz e calma me invadiu. Quando a alegria substituiu o medo, um pensamento me ocorreu: "Posso voar!". Eu sabia que meus pássaros ficariam bem e eu também.

O sentimento de paz permaneceu comigo durante minha estada na Índia. Foi reforçado quando, na metade da viagem, uma companheira de excursão disse:

— Marty, olhe para baixo.

A meus pés havia a mais linda pena de papagaio que já vi.

Ainda tenho essas belas penas. São um poderoso lembrete do dia-a-dia de minha recuperação e uma certeza de que nunca estou sozinha. Por isso, sou muito grata.

•

Chefe Minipena

Phillip G. Crabtree

Certa noite, depois de um ensaio musical, voltei para casa e fui direto para meu quarto, como de hábito, para limpar meu violão. Tirei o instrumento da caixa e peguei minha camiseta velha para lustrá-lo antes de guardar. Meu avô me dera aquela camiseta durante umas férias no Caribe quando eu tinha nove anos. Nela havia a caricatura de um pato amarelo, usando óculos escuros. Sobre uma das lentes dos óculos havia a imagem da ilha da Martinica e na outra lente, a de St. Martin.

Quando a camiseta deixou de me servir, eu a mantive comigo devido a seu valor sentimental. Depois que a música e o violão se tornaram uma parte especial de minha vida, o tecido macio, por ter sido tantas vezes lavado, transformou-se na flanela ideal.

Meu avô, Corbin Meriwether, faleceu muito anos antes. Sempre fomos próximos. As férias que tiramos juntos foram um exemplo dos bons momentos que tivemos, em especial depois de eu completar dezessete anos. Foi o ano em que meus pais se divorciaram e também o ano em que minha avó morreu. Ambos possuíamos um grande vazio em nossas vidas e nos aproximamos ainda mais nessa época. Desde então, nós nos tornamos muito amigos.

Quando estávamos juntos, os problemas do mundo pareciam pequenos. Íamos freqüentemente para o campo, a fim de fazer caminhadas no mato, observar pássaros ou então eu apenas sentava-me para escutar suas histórias fantásticas a respeito da vida. Ele era um homem bem-humorado, gostava de viver e sempre tinha um sorriso amoroso para me oferecer.

Como há anos limpo meu violão com essa camiseta, não é raro pensar em meu avô nessas horas. Naquela noite em particular, quando vi a camiseta, parei e refleti acerca das lembranças dos bons momentos que nós passamos juntos.

Eu vivia certos percalços. Meu aniversário de trinta anos se aproximava. Naquele ano, sentia-me um tanto triste. Os primeiros sinais da idade se tornavam evidentes; quando eu me olhava no espelho, via fios de cabelo branco aqui e ali. Vários amigos queridos e parentes haviam morrido, e eu me sentia mais sozinho. Pensei em minha vida e percebi que não chegara onde eu queria estar.

Todos esses pensamentos vinham à mente, enquanto eu lustrava meu violão com a camiseta velha. Após guardar o violão, virei-me e notei uma pena minúscula, não muito maior que a unha do dedão, caída no chão do quarto. Quando me aproximei dela, fui invadido pela presença de meu avô. Era como se ele estivesse no quarto, falando comigo.

Ele sabia de minhas dores internas. Naquele momento, escutei sua voz ecoando dentro de mim, dizendo-me que ele estava comigo e sempre estaria, e que era preciso viver o presente, não o passado ou o futuro.

— Um dia, estaremos juntos de novo — ele entoou dentro de mim.

Naquele breve instante, tudo mudou. Não sei ao certo o que houve, mas senti que podia enxergar as coisas sob outra perspectiva. O sentimento de solidão desapareceu e não mais me sentia deprimido. Uma sensação de calor e conforto me invadiu.

Mais tarde, naquela mesma noite, vasculhei o quarto inteiro para descobrir de onde viera a pena, mas nada encontrei. No dia seguinte, quando mencionei o fenômeno a minha mãe ao telefone, ela me contou algo que eu nunca soubera.

— Seu avô foi um brincalhão inveterado — ela disse. — Quando eu era pequena, nós brincávamos de índio, e ele chamava a si mesmo de "Chefe Minipena". Ele adorava esse apelido.

Desde esse dia, aposentei a camiseta; ela já havia cumprido seu objetivo. Embora a presença de meu avô naquela noite tivesse sido breve, o impacto profundo da experiência permanecerá comigo para sempre. Não mais vejo as coisas com meus olhos; prefiro ver e sentir com meu coração. Todos esses sentimentos surgiram de um avô amoroso e de uma pequena pena angelical. Aquela pena minúscula tornou-se meu talismã para me lembrar de que a vida é boa e de que não estou sozinho.

●

O que Me Prende à Terra Está Oculto

Mark Nepo

Meu coração batia apressado, como o de uma garça
acuada no pântano, sem espaço para me mover. Confuso e
surpreendido pelo barulho de minha mente,
flutuei sem graça ao centro
do lago, que os humanos chamam de silêncio.

Penso, se quiser saber, que a paz
não é mais que o outro lado
das asas cansadas que pousam no lago,
enquanto o coração em suas penas
bate suavemente.

•

A Coragem da Águia

Gerald Wagner

De todas as penas, a da águia é a mais valorizada tanto na tradição indígena americana quanto no costume tribal contemporâneo. É considerada um símbolo sagrado do grande pássaro e de sua força, poder e resistência.

Em muitas tribos indígenas, existiu uma tradição muito antiga chamada "contagem de golpes". Aproximar-se de um inimigo armado o suficiente para tocá-lo com um bastão ou com as mãos vazias, e escapar com vida era considerado um feito ainda maior que matá-lo. Isso representava um ato de ousadia que requeria mais coragem do que eliminar alguém de um local seguro.

Um guerreiro que enfrentasse essa prova com sucesso era homenageado e reconhecido pelos membros da tribo por meio das penas de águia, um sinal de sua grande coragem. As penas de águias eram usadas nos cabelos, sendo motivo de orgulho para o guerreiro. Chefes e outros líderes acumulavam tantas penas que podiam criar um cocar inteiro para utilizá-lo em cerimônias e batalhas.

Essa antiga tradição hoje em dia tem um significado moderno em várias reservas — os índios que se formam em universidades são homens honrados. Os formandos recebem uma pena de águia como símbolo de honra e coragem por ter obtido os quesitos necessários para um diploma universitário. Tornou-se costume amarrar a pena na beca durante a cerimônia de graduação.

Recebi minha pena de águia de um amigo, um dançarino tradicional, que utiliza as penas em rituais que acontecem há mais de cem anos. Saber que a pena fez parte dessas danças deixou-me ainda mais honrado em recebê-la. Depois da graduação, pendurei a pena na parede para me lembrar do que conquistei.

A tradição de usar penas de águia e outros trajes indígenas durante a graduação torna-se mais elaborada a cada título. Pessoas com o título de mestre podem cobrir a beca com penas, e os doutores em geral vestem o traje indígena tradicional.

Ethel Connally Johnson, a primeira mulher de origem indígena a se formar doutora pela Faculdade de Medicina Veterinária da Universidade do Colorado, quis honrar seus ancestrais durante a cerimônia. Várias semanas antes do evento, Ethel pediu permissão ao diretor da faculdade para usar roupas indígenas durante o ato. O diretor negou o pedido.

No dia do evento, Ethel vestiu a beca e aguardou que seu nome fosse chamado. Quando se levantou, ela tirou a beca, revelando o traje de couro de antílope, coberto com penas e com os adereços que pertenciam a sua família havia anos. Ao subir no palco para receber o diploma, ela foi ovacionada pela platéia.

Sempre que me lembro dela, penso numa mulher que teve a coragem de homenagear a si e a seu povo — não com o objetivo de confrontar o poder do "sistema", mas simplesmente para honrar seus ancestrais. Ela tinha a coragem da águia. •

In Memoriam

K. M. Jordan

Colecionei penas durante anos a fio. Algumas comprei, mas a maioria surgiu como uma dádiva do céu. As penas têm um lugar especial em minha vida. Quando criança, eu almejava voar. Acho que meu coração é de águia — sempre fui uma pessoa determinada e um líder. Adoro "voar" para conquistar algo novo.

Meu irmão caçula também tinha um coração de águia. Ele amava estar ao ar livre e mudou-se para Montana, em meados de 1970, para trabalhar no Serviço Florestal. Passava a maior parte do tempo percorrendo trilhas em áreas como Scapegoat Wilderness, ao norte de Helena. Adorava as montanhas, a vida selvagem e a solidão. Tal qual a águia, ele possuía força e coragem extraordinárias.

Alguns anos atrás, meu irmão faleceu devido a uma esclerodermia. Ele passou o último mês de vida confinado num leito de hospital. Quando seu espírito finalmente libertou-se do confinamento, decidi viajar às montanhas e jogar suas cinzas onde ele vivera e trabalhara durante anos. Mas eu sabia que esse ritual não seria suficiente. Resolvi criar um feixe de penas em sua homenagem e deixá-lo no local onde eu pretendia jogar as cinzas.

Li livros a respeito de cerimônias sagradas e tradições indígenas. Mas não encontrei nenhuma orientação. Portanto, pedi ajuda para criar o feixe de penas, realizar a cerimônia e cuidar dos preparativos da viagem. O processo levou vários meses e ofereceu-me tempo para viver o luto.

Enquanto eu recolhia os itens para homenageá-lo, várias pessoas doaram presentes ao saber o que eu pretendia fazer, e senti que o Espírito trabalhava por meio delas para me prover o necessário. Eu gostaria de obter uma pena de águia para o feixe, mas, como não sou de origem indígena, contentei-me com as penas do nobre peru. Simbolicamente, amarrei as penas de peru nos cabelos de meu irmão, todas apontadas para baixo como sinal de que ele fora um homem de honra.

Para a cerimônia em si, escolhi um lugar, que Karl mencionara muitas vezes, perto de uma cabana no lago Webb. Queimei sálvia, espalhando sua fumaça nas quatro direções e me purifiquei. Salpiquei sal marinho no chão e fiz um círculo com grãos de milho.

Após cavar um buraco pequeno no círculo, encostei no tronco de um pinheiro e escutei o vento soprar entre as árvores, sentindo-me completamente em paz. Karl me mandara muitas fotos daquela área, que era o lar dos funcionários do Serviço Florestal. O céu possuía um azul profundo, com imensas nuvens brancas. Eu pude ver por que ele amara tanto aquele local. Fechei os olhos e imaginei-o livre da doença e do sofrimento, voando, enfim, com suas amadas águias.

Em seguida, guardei todos os itens, um por um, dentro do feixe: as penas de peru; uma ferradura; cristais, turquesa, quartzo rosa e ametista; penas de arara; tabaco e milho. Rezei para cada um dos itens, pedindo ao Grande Espírito que abençoasse Karl e liberasse seu espírito para o próximo grande trabalho.

Uma nova sensação de paz me invadiu ao terminar a cerimônia. Continuo sendo abençoado pelas penas. Cada vez que aparecem, penso em Karl e sinto-me próximo a ele. Algum dia, voaremos juntos novamente.

●

O Presente de Sofia

Sheelagh G. Manheim

Meu irmão costumava pedir perdão aos pássaros; aquilo parecia sem sentido, mas correto; tudo é como o oceano, tudo flutua e se toca; um distúrbio num só lugar reverbera até o fim do mundo.

— Dostoiévski, *Os Irmãos Karamazov*

As penas sempre tiveram um sentido profundo em minha vida. Quando criança, eu as colecionava por causa da beleza. Eu as jogava no ar, roçava meu rosto com elas, encaixava as pontas para formar uma só pena, juntava-as a fim de fazer um leque. Encontrar uma pena era o mesmo que descobrir um tesouro e sentir-se especial.

Durante a vida adulta, após fazer análise junguiana e me tornar uma psicoterapeuta junguiana, aprendi a ver o mundo simbolicamente, e meu amor pelas penas adquiriu um novo significado. As penas eram ainda um presente do céu, mas também se transformaram em mensagens para minha alma.

Tal percepção tornou-se ainda mais real para mim durante um verão que passei na região de Martha's Vineyard. Após dez dias de chuva, eu fiquei deprimida. Na tarde em que o sol finalmente apareceu, saí da casa e caminhei até a lagoa dos patos. Aliás, estava mais que deprimida. A idéia de entrar na lagoa e nunca mais emergir levou-me a andar na beirada da água, cantando um hino a Sofia, a deusa da sabedoria.

Fitando a lagoa, avistei o que parecia ser um minúsculo catamarã, atravessando a água em minha direção. Fiquei perplexa ao descobrir que não se tratava de um brinquedo de criança, mas sim de duas penas de cisne, paralelas sobre a água e trazidas até mim pelo vento. Permaneci quieta, com o coração cheio de alegria. A possibilidade de acabar com minha vida havia sumido. As penas atingiram a beirada da lagoa e, agradecida, recolhi o presente que Sofia me enviara.

Depois desse verão, minhas preces são atendidas por meio das penas que recebo, as quais representam respostas a questões de minha alma. Certa época, eu explorava a noção de dignidade. E encontrei penas de peru de todos os tipos e fui agraciada com a presença de perus selvagens. Em outro verão, enquanto me recuperava de uma enfermidade, achei lindas penas de galinha-d'angola. Essas galinhas ciscam qualquer elemento da terra, bom ou ruim: um ato simbólico para a limpeza do corpo. Então, recebi o privilégio de ver um grupo de galinhas-d'angola atravessando nosso gramado.

Penas de corvo e de coruja têm sido, em várias ocasiões, presentes para minha alma destinados a me ajudar a entender a vida e aprender as lições que me são necessárias.

•

Meditação

CUIDANDO DAS PENAS — OLHOS DE PÁSSARO

Se fosse um pássaro, você estaria cuidando de suas penas constantemente: limpando-as, banhando-as e ungindo-as. Após um longo vôo, você usaria seu bico para afofar e acariciar suas penas. Na hora de chocar os ovos, você faria um ninho confortável para eles. O tempo que você passaria cuidando das penas e construindo o ninho seria uma parte vital de sua vida como pássaro.

Empregue alguns instantes para observar o que está acontecendo a suas penas. Afinal, as penas são fundamentais para ajudá-lo a voar pelo céu. As penas do peito e a penugem sob as penas o mantêm protegido das temperaturas extremas e tornam seu ninho mais macio.

Você sabe que sem as penas para voar sua vida transforma-se numa realidade diferente. Imagine como seria não poder planar entre as árvores, ou pousar num lugar onde você teria uma vista excelente de tudo, ou deslizar entre as nuvens!

A mensagem para nós é clara. Precisamos cuidar dos aspectos físico, mental, emocional e espiritual de nosso ser. Formas de limpeza, banho e carinho podem variar entre nós, mas, sem esses cuidados pessoais, somos incapazes de planar ou de "nos proteger do frio" com o calor espiritual que nos alimenta.

- Sente-se num lugar onde você possa escrever e pensar. Talvez na lanchonete favorita, no banco de um parque ou em sua cozinha. Primeiro, pense num dia típico e numa semana típica de sua vida e faça uma lista dos cuidados que você tem "com suas penas". Calcule quanto tempo você costuma passar consigo mesmo.
- Em seguida, independentemente de quantos itens pertençam à lista, faça uma "lista de desejos" que inclua de que maneiras você *gostaria* de se cuidar. Um jeito de fazer isso é imaginar algo e observar se sua mente logo vem com o velho "mas...". Se assim for, saberá que está na trilha certa. Escreva os itens a despeito dos protestos de sua mente.

- Tente realizar um desejo de sua lista por semana. Ou planeje um dia inteiro de "prazer", e realize os desejos da lista. Se parecer egoísta demais, lembre-se de que o amor-próprio e a valorização pessoal são tão necessários para seu potencial quanto as penas para os pássaros. Lembre-se também de que todos os pássaros restauram e renovam a energia entre um vôo e outro.

Essa meditação é ainda mais divertida se for feita com um amigo ou amiga. Vocês podem se ajudar a descobrir novas maneiras de nutrir seus ninhos e cuidar de suas penas, e também se auxiliam mutuamente durante o processo.

•

Nas Asas da Compaixão

Maril Crabtree

Às vezes, a ponte entre o conhecido e o desconhecido é mais que uma pena. Nesse caso, a ponte representaria um pássaro inteiro. Seria o mais comum e o mais barulhento dos pássaros — a pomba.

Quando a vi encolhida no meio da calçada, logo soube que estava ferida. Enquanto pés apressados passavam por ela, sua única reação eram fúteis tentativas de erguer as asas. Ela permanecia de olhos semicerrados, peito ofegante e penas trêmulas.

As ruas do centro da cidade estavam repletas de carros, prédios e pessoas voltando do almoço. Eu havia sido convidada para almoçar num clube exclusivo de mulheres de negócios, e respirei aliviada quando fechei a porta do estresse, da pressão, da escada corporativa do mundo que eu abandonara anos atrás. Minha tarde estava livre para eu fazer o que mais amava: escrever.

Mas ali está aquele pássaro. Eu me aproximo do corpo trêmulo e me ajoelho diante dele. Aquela pomba e eu formamos um laço de algum tipo. Somos as únicas que diminuímos a velocidade em meio àquela atividade frenética.

Nós nos olhamos. Não vejo sangue ou outros sinais de ferimento. As penas parecem em frangalhos. Por quanto tempo ela permanecera ali? Suspeito de que seja uma das centenas de pombas que voam nos edifícios e ciscam as migalhas jogadas no asfalto. Poderia ela ter colidido com uma janela e caído na calçada? Talvez tivesse sido atropelada por um carro. Estaria à beira da morte?

O que fazer? Nunca estudei ornitologia, tampouco sei como tratar de pássaros. Volto ao clube, onde algumas mulheres ainda estão, e anuncio:

— Há um pássaro ferido na calçada. Alguém sabe o que fazer? — Certamente uma boa alma irá cuidar do problema.

— Não a toque sem proteger suas mãos. Esses pássaros transmitem doenças — várias replicaram.

— Talvez você consiga um saco de papel na cozinha.

— Por que não telefona para a Sociedade Protetora dos Animais?

Resolvi seguir todas as sugestões. Vou à cozinha, onde uma mulher gentil me dá um saco de papel e me indica o telefone. A Sociedade Protetora dos Animais me informa que não lida com animais selvagens, e me sugere outro número. Quando consigo completar a ligação, a atendente me pergunta que tipo de pássaro é.

— Deve ser uma pomba, mas não tenho certeza. — Tento manter um tom sereno na voz. — Isso importa?

— Sim, importa. Só cuidamos de pássaros nativos deste Estado. Pombos não são considerados nativos.

— Como assim? Eles moram nesta cidade. Isso não os faz nativos?

— Não. Há uma distinção entre pombos e outros pássaros selvagens, como o cardeal, o gaio, o papo-roxo e o pardal. Pombos feridos não se qualificam para o cuidado e o tratamento especiais que um cardeal receberia.

— Por outro lado — a voz continua —, se for um pássaro da família dos pombos, *poderemos* cuidar dele. Por que não o traz aqui para darmos uma olhada?

Ela me ensina como capturar o pássaro no saco de papel e explica o caminho mais rápido para chegar ao centro de vida selvagem. Suspiro. Lá se vai minha tarde para escrever. Porém, aquela odisséia do pássaro adquiriu um significado épico. Sei que não ficarei tranqüila até vê-lo bem. Se o centro de vida selvagem não abrigar a pomba, eu o farei.

Pego o saco de papel e volto à rua. Nenhum pássaro. Ele desapareceu. Aflita, vasculho a área. Teria a pomba alcançado a rua e um carro a matara? Minha hesitação inicial resultara em sua morte? Ou ela descobriu um jeito de voar?

Desaponto e alívio me invadem. Meus esforços não são mais necessários e não precisarei enfrentar a constrangedora tarefa de capturar um pássaro e transportá-lo. A tarde é minha novamente. Sem dúvida, é o universo me dizendo que devo correr para casa e começar a escrever.

Entro em meu carro e afasto-me do centro da cidade. Quando faço uma curva para adentrar a via expressa, vejo um homem em pé na calçada. Ele usa roupas puídas e segura um cartaz com os dizeres: "Preciso de emprego. Trabalho por comida ou dinheiro".

Paro no farol. A minha volta, há pessoas bem-vestidas e alheias aos arredores. O homem abaixa os olhos, encarando a rua, onde sem dúvida passou mais de um dia de sua existência.

Minha amiga Jenny costuma deixar barras de manteiga e latas de salsicha em seu carro para ocasiões como essa.

— Sinto-me péssima, se não faço nada — ela diz. — Mas se eu der dinheiro, nunca saberei se o pedinte o gastará em comida ou bebida.

Talvez ela seja literal demais, mas naquele momento lamento não ter uma lata de salsicha para oferecer ao homem. Tudo que tenho é um saco vazio.

O farol abre, mas não me dirijo à via expressa. Em vez disso, paro numa loja de conveniências. Com o saco vazio em mãos, percorro as prateleiras, selecionando alimentos que não precisem de abridor de latas ou de um fogão. Quando penso no que eu gostaria de comer se tivesse passado o dia mendigando sem ser vista, pego várias barras de chocolate e um pacote de batatas fritas. O total das compras é mínimo, se comparado ao preço do almoço que acabei de usufruir.

Volto para o carro com o saco de papel cheio e retorno ao local onde vi o homem.

— Por favor, faça com que ele esteja lá — rezo em voz baixa. — Não o faça desaparecer como a pomba.

Nunca me deixei levar por pessoas que pedem esmolas nos faróis ou nas calçadas. Na verdade, sempre as rotulei de seres preguiçosos que encontraram um meio mais fácil de não trabalhar. Ou então, eu considerava essas pessoas como criaturas indefesas, cujas necessidades vão além de minhas possibilidades. Acima de tudo, finjo que não as vejo para evitar que elas invadam minha versão conveniente da realidade.

Mas o corpo trêmulo do pássaro me transformou. Se eu despendesse alguns minutos de minha preciosa tarde, eu poderia ajudar outro ser humano. Não resolveria seu problema, mas talvez meu gesto o encorajasse a continuar tentando mudar de vida.

O homem ainda está lá, parecendo — ou seria minha imaginação? — mais miserável que antes. Encosto o carro e saio, carregando o saco de alimentos.

— Tome — digo, ao me abaixar para deixar o saco ao lado dele. — Não tenho um emprego para você, mas um pouco de comida é sempre lucrativo. Boa sorte.

Eu me viro e volto ao carro.

— Obrigado, senhora.

Ouvi mesmo aquelas palavras ou teria sido minha imaginação mais uma vez? Vou embora rapidamente. Meu coração bate acelerado. "Talvez, em outra oportunidade", penso, "eu tenha coragem de encará-lo nos olhos, conversar com ele e escutá-lo."

Por que nós, pássaros feridos, não podemos esquecer nossas preocupações diárias por um minuto para dar atenção ao outro?

Quando atinjo a via expressa, estou pensando no que prepararei para o jantar e imagino se conseguirei algum tempo para escrever antes da refeição. Em princípio, nem sequer percebo a meia dúzia de pássaros sobre o telhado da varanda. Desligo o motor e permaneço dentro do carro, observando as ruidosas aves. Pergunto-me se "minha" pomba está entre elas. Meu coração se aquece ao pressentir a forte ligação com aquela pomba, quando os pássaros voam em direção ao entardecer.

•